運動效能鍛鍊全書

喚醒 12 條「效能肌」，10 秒提升跑、跳、踢、投、打、游，
6 大運動能力的循環式全身訓練

笹川大瑛／著　賴惠鈴／譯

比核心訓練、重量訓練更有效的訓練法｜練習前、比賽前做效果更好！

前言

喚醒效能肌，找回與生俱來的運動能力

「明明已經這麼認真練習和鍛鍊肌肉了，為什麼還是無法提升運動能力和表現呢？」

我想，不分男女老幼，應該很多人都有這個疑問和煩惱吧？因為想「更上一層樓」，大家都拚了命地鍛鍊，可惜卻得不到想要的變化與結果；而本書就是為了幫助大家解決這個疑問和煩惱。

之所以「動作不夠快、揮棒力道不足、跳得不夠高、無法刷新紀錄」都是因為沒有用到「那條肌肉」，或者是「那條肌肉」已經衰退了；也就是說，明明應該要好好地運動那條肌肉，使其發揮作用，但那條肌肉卻在偷懶，變成了「偷懶肌」了，造成各位無法充分發揮實力。

由於用傳統的運動方法，幾乎都鍛鍊不到那條肌肉，所以狀況始終無法改善，從而使得問題始終存在。為此，本書的主旨就是「鍛鍊你的效能肌」，藉由集中式訓練，鍛鍊那些「重要的肌肉」，一口氣解決各種運動能力上的疑難雜症。

精準鍛鍊，只要十秒

截至目前，我擔任過許多運動選手的教練，幫助他們提升戰績，乃至於復健。我先後在大阪、東京的醫院當物理治療師，接著進入日本大學研究所主修運動學、重量訓練，並指導全國運動相關的醫療從業者，也擔任頂尖運動員的訓練師。

藉由上述的活動中，我不斷研究與實踐，最終發現了「基於運動科學，正確地鍛鍊效能肌」的方法，最終，建立起本書所提倡的獨門學說，亦即「花在鍛鍊每一條效能肌的時間，只需短短的十秒」。或許各位會認為只要十秒，非常不可思議，但若從運動科學的角度來看，這是極為合理的鍛鍊法，而且實際上，也有許多人都因此達成了提升運動能力的效果。

例如：以效能肌鍛鍊法訓練約一個月的十六位一～三年級女高中生，所有人五十公尺短跑和一五〇〇公尺長跑的時間都縮短了（詳情見第三章）。以及，因為受傷不能做重量訓練，也不能跑步，因此開始採取效能肌鍛鍊法的女子高爾夫球選手，即使已經年過四十，卻反而提升到可以打出三五〇碼的距離。據她所說，拜執行效能肌鍛鍊法所賜，水到渠成地掌握到「這裡要用力」的訣竅（詳情見第七章）。除了上述兩個案例之外，還有很多數也數不完的真實改善案例。當然，持續以「效能肌鍛鍊法」訓練愈久，效果就會愈好，最終運動表現會判若兩人，成績也會突飛猛進。除此之外，更重要的，是身體不容易受傷，還能得到前所未有的速度、快感、彈性、力道，留下足以令自己滿意的結果。

接下來，本書將穿插著實例，為各位仔細地說明這套鍛鍊法的機制。希望各位都能實踐效能肌鍛鍊法，突破「進步的極限」，運動時確實運用到能「有助於提升能力的肌肉」，創造出這輩子最佳的運動成績。

笹川大瑛

透過「效能肌鍛鍊法」，我們都刷新了自身最佳紀錄！

不需要昂貴的器材或道具，也不用長時間持續，10秒就能立刻感受到效果。以下是體驗過這種有如魔法般鍛鍊法的真人實證。

五十公尺短跑的時間縮短了〇．四秒，只需要七秒，成績在全學年的女生排第二名。（短跑／女性．十多歲）

過網急墜球的力道明顯比以前提升了，現在每個月都要換一次網子。（網球／女性．五十多歲）

原本很煩惱自己踢得有氣無力，如今力量和速度都提升了。（格鬥技／男性．十多歲）

只花了兩個禮拜的時間，就跳得比以前高10公分以上，所以扣殺時看到「對方球場的景色」也跟以前不一樣了。（排球／女性．十多歲）

揮桿的距離從二五〇碼變成三二〇碼，獲得 JPDA 協會的專業認證。

（高爾夫球／男性．四十多歲）

投球的速度從最快一三二公里／時，提升到一四四公里／時，建立了以直球取勝的自信。

（棒球／男性．十多歲）

因為受傷，曾經連球都踢不好，如今卻能比以前更有力地射門。

（足球／男性．十多歲）

跑完全馬原本要花三小時四十八分鐘左右，後來縮短了將近二十分鐘，約三小時三十分鐘就能跑完。

（長跑／女性．三十多歲）

女子一〇〇公尺仰式比自己過去最好的成績縮短了一．三秒，寫下全縣新紀錄，得以參加全國大賽。

（游泳／女性．十多歲）

原本成績一直停滯不前，如今身體不再搖晃，男子一〇〇公尺蛙式比自己過去最好的成績還縮短了七秒。

（游泳／男性．十多歲）

為什麼只需要花十秒擺好姿勢，就能立刻感受到效果？

從前的你……

◉沒有鍛鍊到用來支撐關節，可以直接提升運動能力的重要肌肉＝「效能肌」。

⬅

◉工作過度的肌肉與容易偷懶的肌肉已達成共識了，即使意識到「這裡要多用點力」，身體為了不要受傷，也會保留實力。

⬅

◉因為無法充分發揮原本的力量，導致各方面的運動能力和表現，停滯不前。

實行「效能肌鍛鍊法」之後……

◉效能肌原本就應該要發揮的「穩定關節」和「柔軟地活動關節」能力，皆能同步提升。

⬅

◉隨著關節與肌肉取得平衡，隨時都能發揮正確且最強大的力量。

⬅

◉只要能完全發揮沉睡的潛力，就能穩定且反覆地做出比以前更快、更強勁的動作。

如此一來，最終就能超越「進步的極限」，寫下這輩子最好的運動成績！

目錄

1 用十秒鐘改變身體！一起實踐「效能肌鍛鍊法」

2 剖析肌肉組成，認識「效能肌鍛鍊法」的科學原理

4 腳踝夠柔軟，「跳的能力」就會好

5 膝蓋夠強健就能提升「踢的能力」

9 讓表現與成績更上一層樓的祕訣！

1

用十秒鐘改變身體！

一起實踐「效能肌鍛鍊法」

集中鍛鍊效能肌，就能提升運動表現和成績

我們的身體之所以能動，是因為骨頭與骨頭的接合部分，也就是「關節」會動。我們都知道，是肌肉讓關節能靈活地活動，另一方面，長在關節前後及內側、外側的肌肉，也具有鎖緊關節，使關節保持穩定的重要作用。

話雖如此，並不是所有支撐關節的肌肉都充分發揮作用。受到平常的動作及習慣性姿勢、年紀大影響，出現了即使聽到大腦「給我動」的命令也無法照辦、肌力本身已然衰退的「效能肌」。

誠如前言所述，我徹底研究這些效能肌，結果發現「支撐關節的肌肉是固定的，由兩條肌肉支撐一個關節」，因此，如果想要提升運動能力，就必須鍛鍊與六大關節有關的十二條效能肌。那麼是哪十二條肌肉呢？詳見下頁圖說。

支撐 6 大關節的「12 條效能肌」

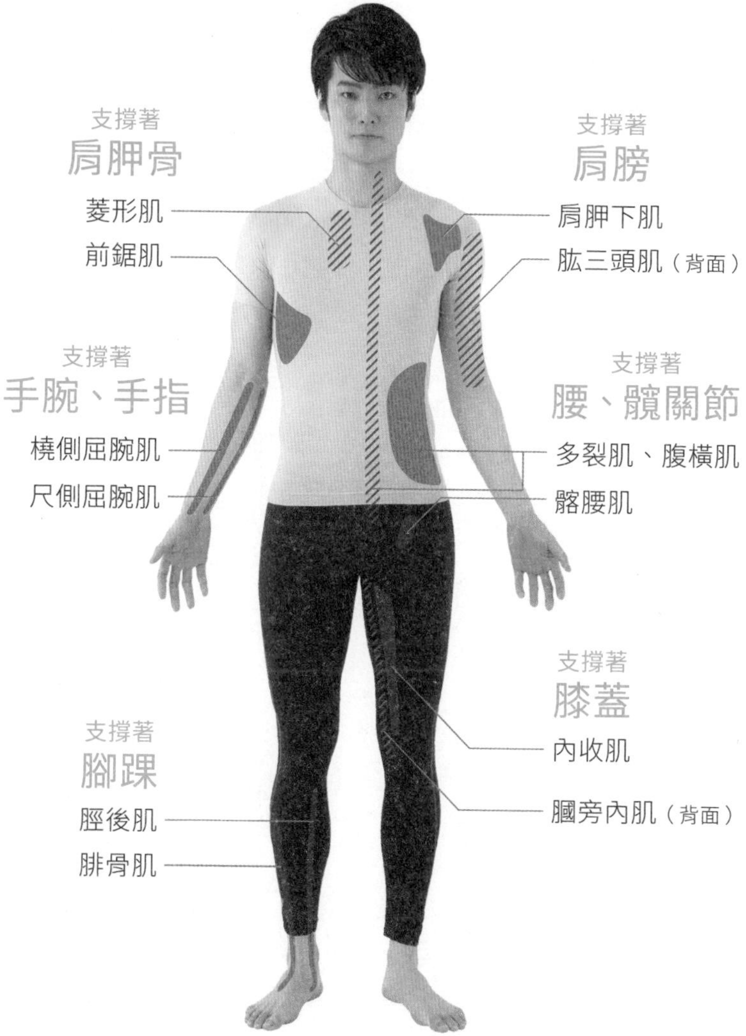

請好好鍛鍊這些喜歡偷懶的效能肌！

另外，老實說，我們身上除了有偷懶的效能肌，也有過勞的肌肉。這些位在效能肌旁邊的那幾條肌肉，認命地承擔了本來效能肌應該要發揮的作用。我稱這些肌肉為「勤勞肌」。這些勤勞肌很容易緊繃、僵硬，所以也會阻礙我們提升運動能力。

以肩胛骨（肩胛胸廓關節）周圍為例，名為菱形肌的肌肉一旦偷懶，提肩胛肌、胸鎖乳突肌、頭夾肌等肌肉，就必須努力彌補菱形肌「不工作的部分」（亦即所謂的代償作用），破壞關節周圍的肌力平衡，不僅導致運動能力無法提升，還會陷入很容易受傷的狀態（請參照下一頁的圖）。

然而，這時只要實踐效能肌鍛鍊法，不只能集中鍛鍊偷懶的肌肉，提升肌耐力，還能恢復關節周圍的肌力平衡，讓原本卡卡的動作恢復自由自在的多樣性。

也就是說，讓關節變得柔軟，不只可以擴大可動域（活動範圍），同時也能強化關節，發揮更大的力量，而「擴大動作及活動的範圍＝表現更好、成績更佳」。

「效能肌」與「勤勞肌」的親密關係

與肩胛骨的動作、機能有關的「效能肌」與「勤勞肌」

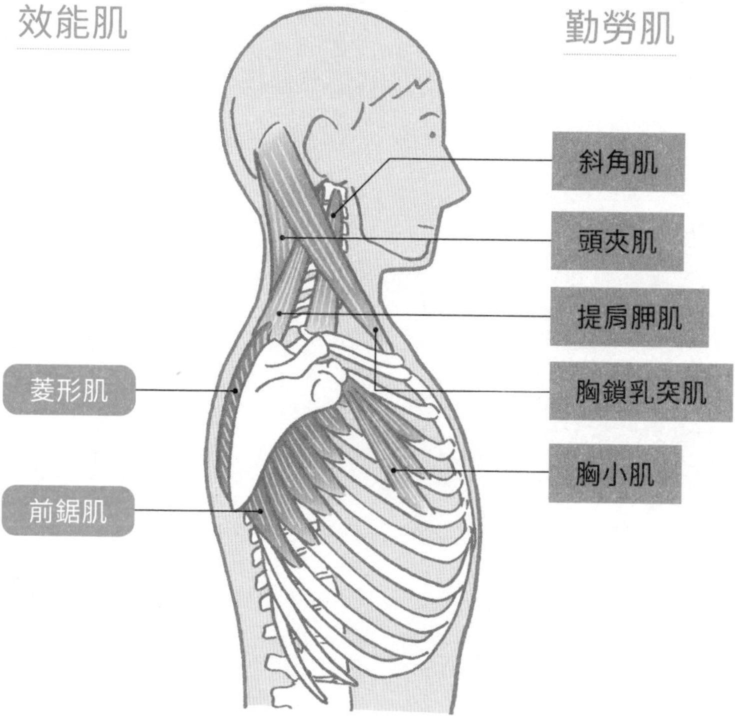

藉由鍛鍊效能肌，

來恢復肌力平衡吧！

一目瞭然！

不同的運動能力，需要強化訓練的效能肌不盡相同

「跑」、「跳」、「踢」、「投」、「揮」、「游」……不同的運動能力，所需要強化效能肌，是不一樣的。以下為基於運動科學理論，針對不同運動能力的效能肌鍛鍊對照表，請各位讀者針對自身需求，選擇自己想要提升的運動能力，一起實踐吧！

跑　若想提升「跑的能力」，請強化腰、髖關節周圍

鍛鍊髂腰肌……P.36

鍛鍊多裂肌、腹橫肌……P.38

跳　若想提升「跳的能力」，請強化腳踝周圍

鍛鍊脛後肌……P.44

鍛鍊腓骨肌……P.46

踢　若想提升「踢的能力」，請強化膝蓋周圍

鍛鍊膕旁內肌……P.40

鍛鍊內收肌……P.42

投　若想提升「投的能力」，請強化肩膀周圍

鍛鍊肩胛下肌……P.28

鍛鍊肱三頭肌……P.30

揮　若想提升「揮的能力」，請強化手腕、手指周圍

鍛鍊橈側屈腕肌……P.32

鍛鍊尺側屈腕肌……P.34

游　若想提升「游的能力」，請強化肩胛骨周圍

鍛鍊前鋸肌……P.24

鍛鍊菱形肌……P.26

效能肌鍛鍊法的實踐重點

從下一頁開始將為各位介紹鍛鍊效能肌的方法。具體的作法請參照每一頁的訓練菜單，以下是幾個共通的實踐重點。請先從意識到這些重點開始！

CHECK POINT

1 以正確的姿勢，在徹底意識到對肌肉用力的情況下進行。

2 保持 10 秒不動的時候，要出最大的力。

3 要同時鍛鍊支撐一個關節的「兩條效能肌」。

4 盡可能在練習、比賽的前後進行，尤其建議在伸展前先做。

5 待習慣之後，可以把每一種的效能肌鍛鍊法增加到三組。

請先試著執行一個禮拜，感受實際效果

※ 關於訓練方法更詳細的說明，詳見第二章。

前鋸肌

鍛鍊肩胛骨周圍的效能肌 1

腋下的肌肉「前鋸肌」，是從前側支撐肩胛骨的肌肉，能提升手臂在前～上的範圍內之活動能力，與肩胛骨的穩定性。

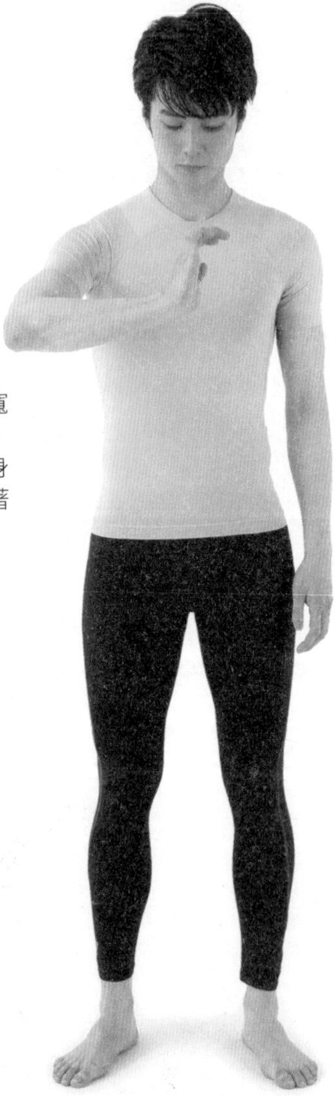

1

舉起一隻手，指尖朝向自己

雙腳打開與肩同寬站立，提起右臂，彎曲手肘，舉到身體前面，指尖朝著自己的方向。

※ 上圖為鍛鍊右側前鋸肌的示意圖

2

掌心相對，用力互推

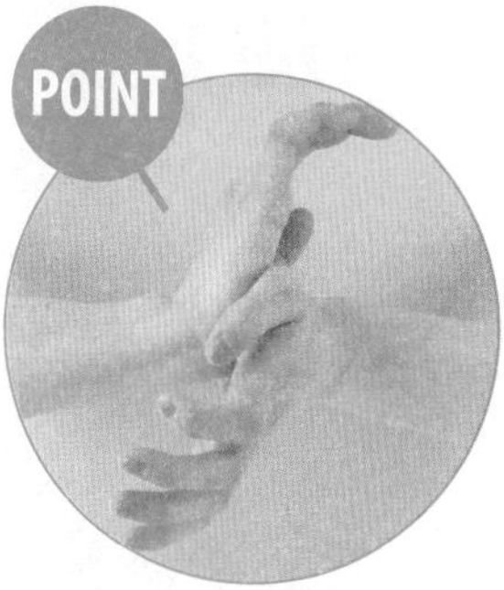

雙手的掌心相對時，要把右手的掌根（腕骨的位置）貼合左手的掌根。

右手的掌心與左手的掌心相對，以右手臂推擠左手臂的狀態保持 10 秒。換邊，以相同方式鍛鍊。

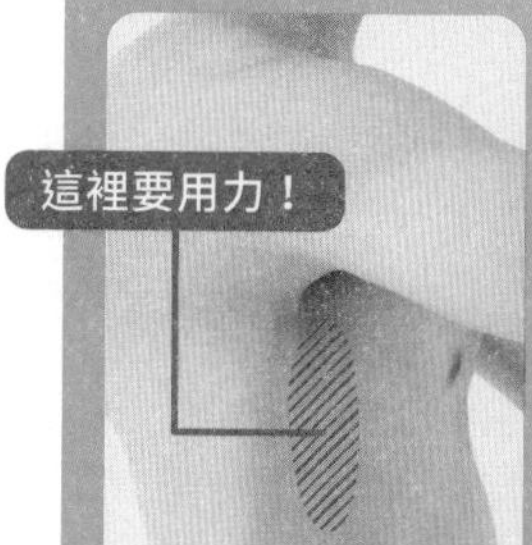

施力重點在腋下

前鋸肌從肩胛骨的外側延伸到肋骨的側面，所以有意識地對這個範圍出力，效果更好！

菱形肌

鍛鍊肩胛骨周圍的效能肌 2

肩胛骨與脊椎骨之間的肌肉「菱形肌」，是從後面支撐肩胛骨的肌肉，能提升手臂在下～後之範圍內的活動能力，以及肩胛骨的穩定性。

1

舉起一隻手，掌心朝上

雙腳打開與肩同寬站立，伸直右臂，稍微往「身體側面的方向」舉起。

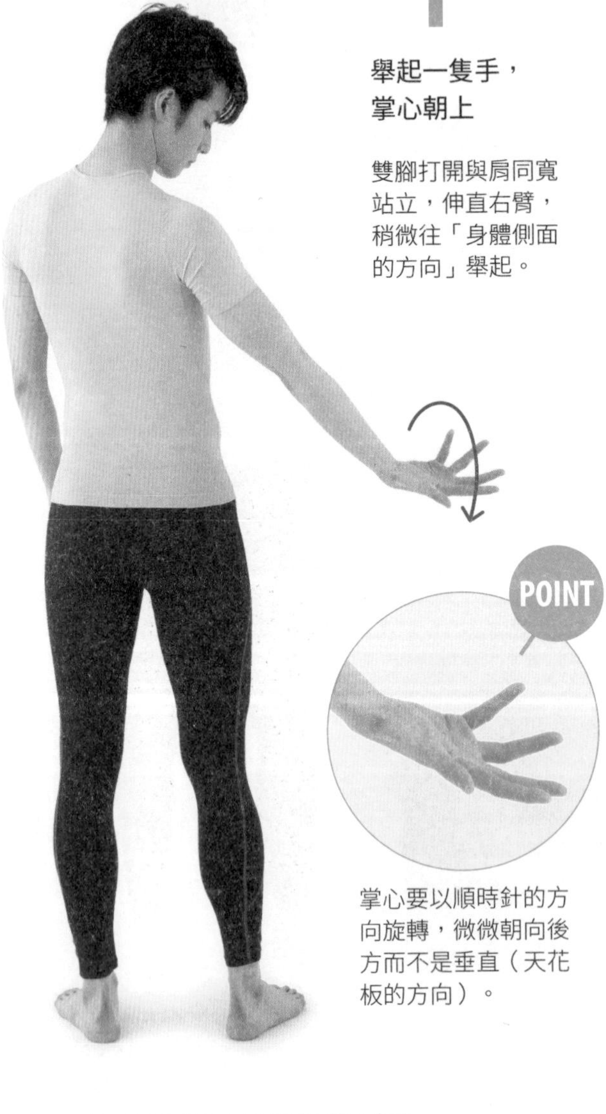

掌心要以順時針的方向旋轉，微微朝向後方而不是垂直（天花板的方向）。

※ 上圖為鍛鍊右側菱形肌的示意圖

2

只有手臂用力，往後方伸展

稍微把重心移動到右半邊，身體不要扭轉，只有右手臂順著背部用力地往後拉，保持在此狀態 10 秒。換邊，左手臂也以相同方式鍛鍊。

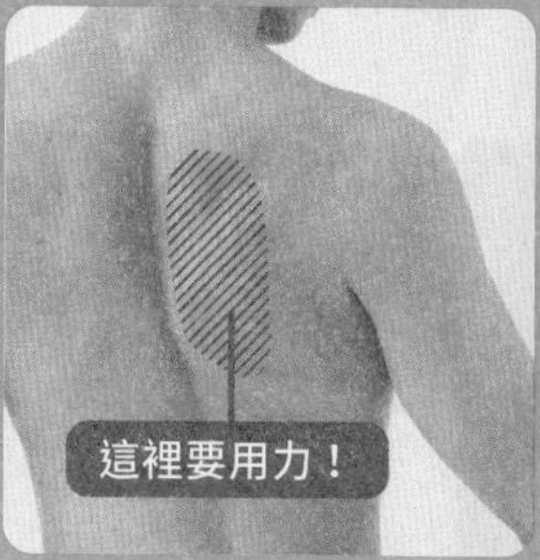

施力重點在動的那隻手，其肩胛骨與脊椎骨之間

菱形肌位於身體後側中央的脊椎骨，一路延伸到左右兩邊的肩胛骨。想像一下，對這個範圍確實用力，使肩胛骨更靠近脊椎骨，效果就會更好！

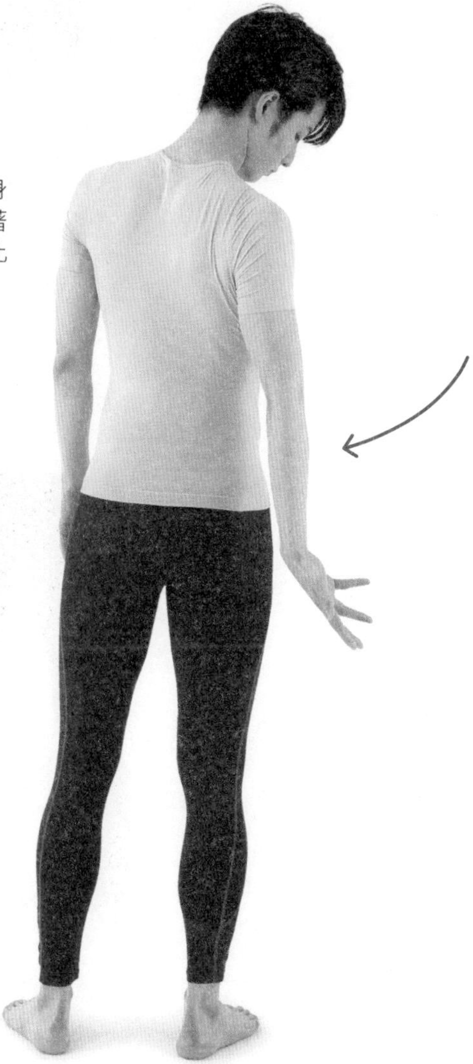

肩胛下肌

鍛鍊肩膀周圍的效能肌 1

「肩胛下肌」是支撐肩膀（肩關節）前側的肌肉，其有助於提升肩膀往內側旋轉、手臂由上往下擺動的能力。

1

彎曲一邊的手肘

雙腳打開與肩同寬站立，右手的掌心朝下，彎曲手肘。

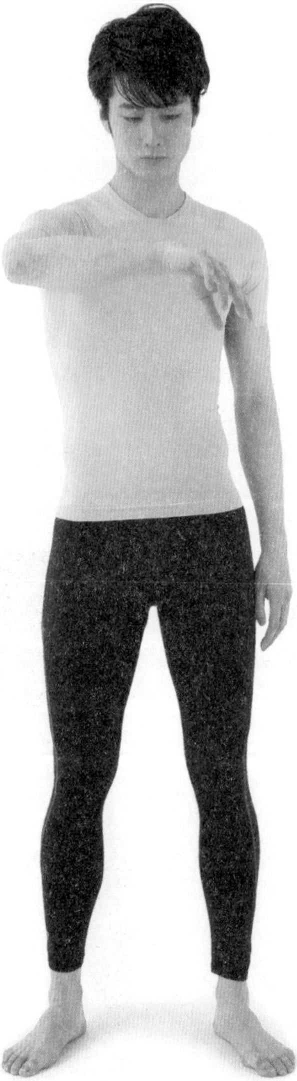

※ 上圖為鍛鍊右側肩胛下肌的示意圖

2

兩隻手臂用力互推

把右手舉到胸前，將另一隻手的掌心放在手臂上，在「舉起右手」和「左手推右手」的狀態下，保持10秒。接著，左右手交換以相同方式進行鍛鍊。

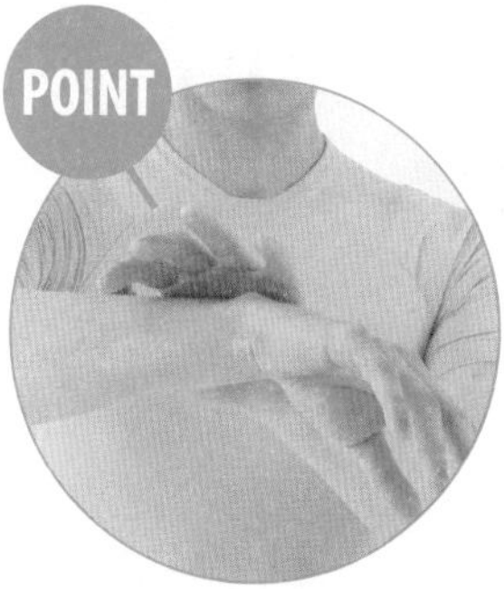

另一隻手的掌心，請貼著右手的下臂。

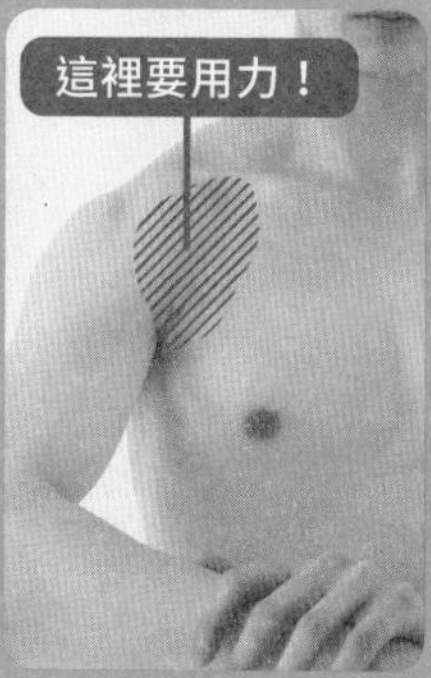

施力重點在抬起手臂的肩膀前側

肩胛下肌是從肩胛骨的前側延伸到兩隻手（肱骨）的肌肉。有意識地對這個範圍確實出力，效果會更好！

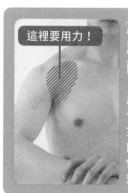

肱三頭肌

鍛鍊肩膀周圍的效能肌 2

支撐肩膀（肩關節）後側的肌肉，叫做「肱三頭肌」，其有助於提升肩膀往外側（後方）旋轉、手臂用力往上揮的能力。

1

腋下夾緊，掌心朝上

雙腳打開與肩同寬站立，夾緊右側腋下，掌心朝上。

※ 上圖為鍛鍊右側肱三頭肌的示意圖

2

伸直手肘，往身體的方向轉動手腕

右手肘筆直地往前伸，接著右手握拳，手腕彎向手背的方向，往外側扭轉；保持在此狀態 10 秒，換邊，左手也以相同方式鍛鍊。

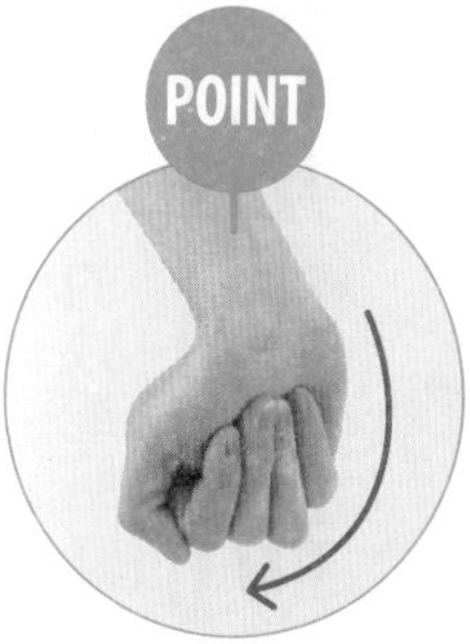

確實地彎曲手腕，往外側轉動。

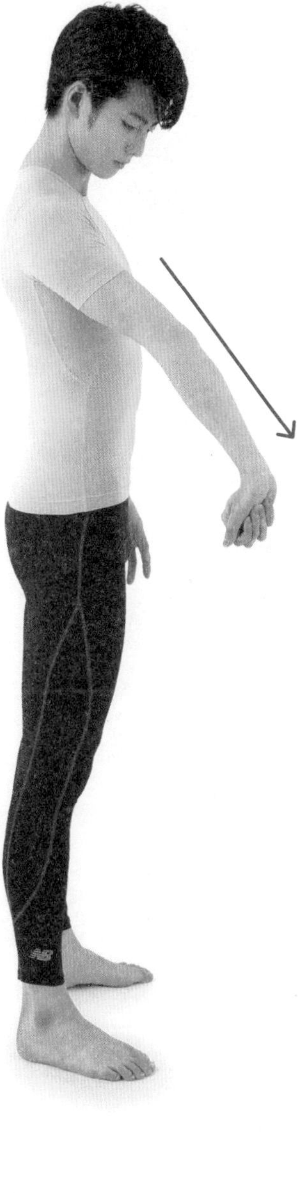

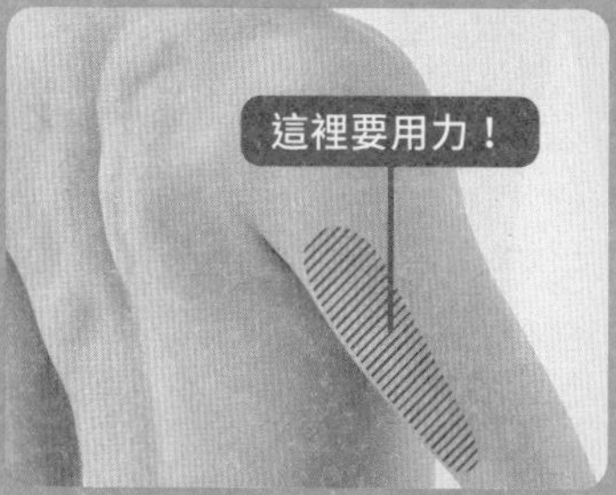

施力重點在兩條手臂的後側

肱三頭肌是從肩胛骨及兩條手臂的骨頭（肱骨），延伸至手肘的肌肉。有意識地對這個範圍出力會更有效！

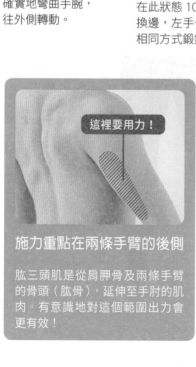

鍛鍊手腕、手指周圍的效能肌 1

橈側屈腕肌

「橈側屈腕肌」是支撐手腕及手指內側（靠近大拇指這邊）的肌肉。有助於提升手腕彎向掌心的方向、用大拇指和食指抓住東西的能力。

1

夾緊腋下，單手握拳

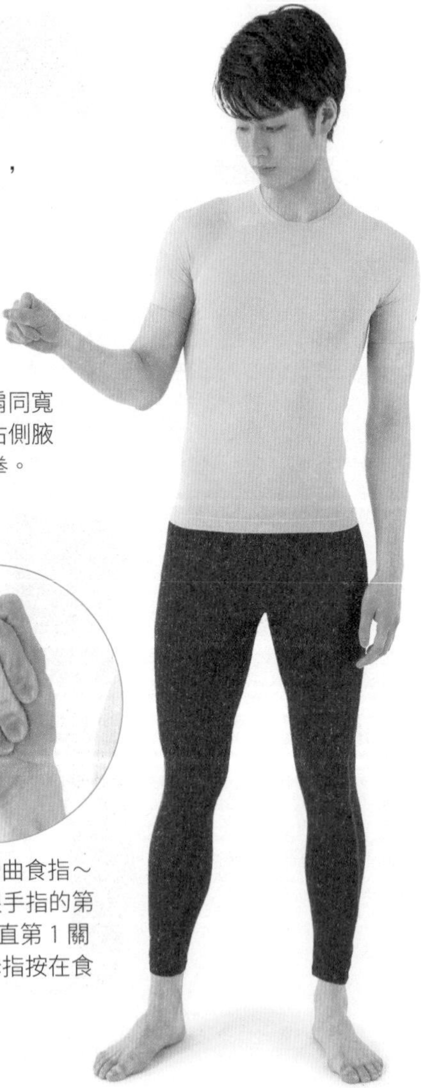

雙腳打開與肩同寬站立，夾緊右側腋下，右手握拳。

握拳時要彎曲食指～小指等 4 根手指的第 2 關節、伸直第 1 關節，將大拇指按在食指上方。

※ 上圖為鍛鍊右側橈側屈腕肌的示意圖

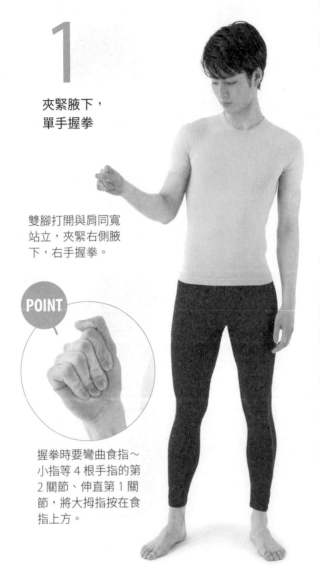

2

手腕彎向正下方

手腕往掌心的方向，亦即正下方彎曲，保持在此狀態 10 秒。接著換邊，左手也以相同方式鍛鍊。

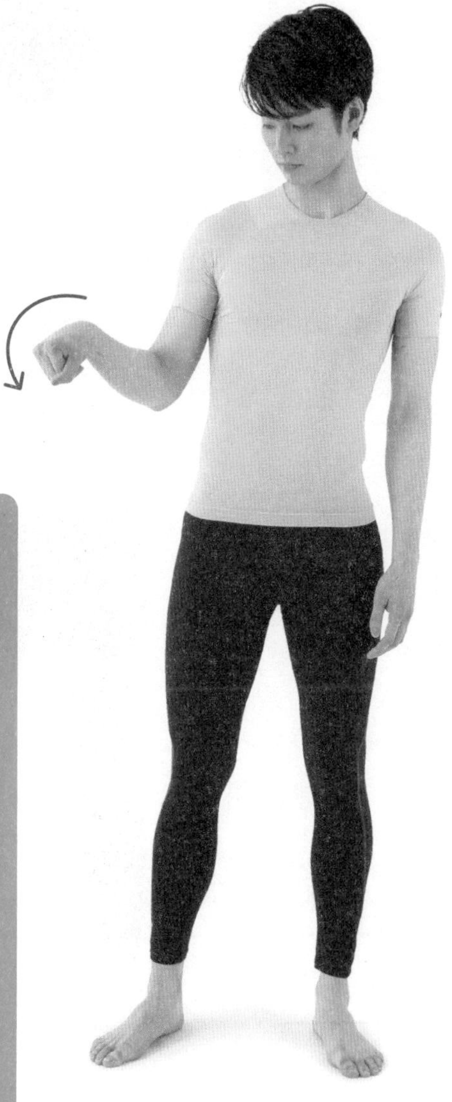

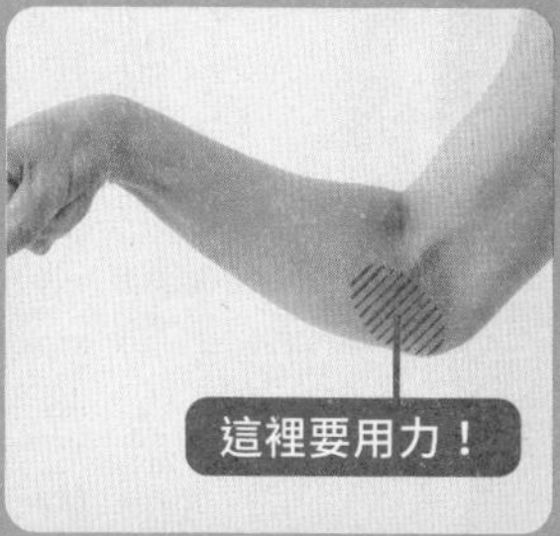

施力重點在下臂的內側

橈側屈腕肌是從手肘的內側（兩條手臂骨頭下方的內側），延伸到掌心這邊的食指、中指指根的肌肉。有意識地對這個範圍出力會更有效！

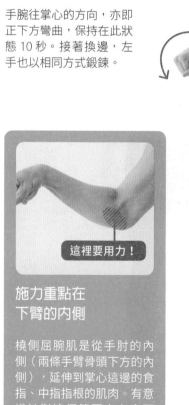

鍛鍊手腕、手指周圍的效能肌 2

尺側屈腕肌

「尺側屈腕肌」是支撐手腕及手指外側（靠近小指那一側）的肌肉。有助於強化轉動手腕的動作，提升抓東西的握力。

1

單手握拳，再舉至胸前的高度

雙腳打開與肩同寬站立，稍微彎曲右手，舉至胸前的高度，握拳，使掌心朝向前方。

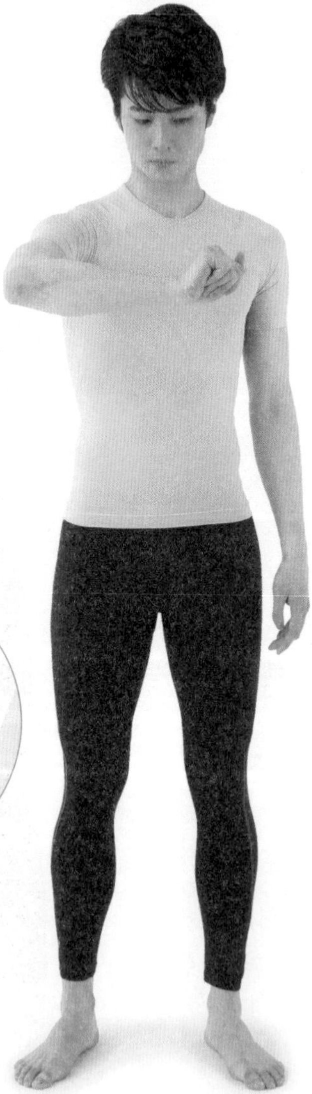

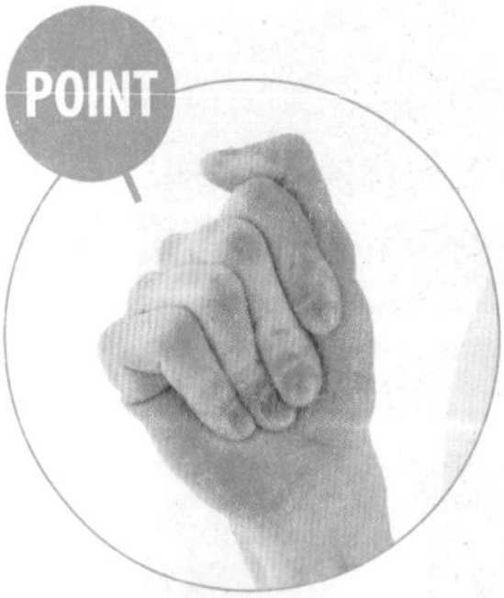

握拳時要彎曲食指～小指等 4 根手指的第 2 關節、伸直第 1 關節，將大拇指按在食指上方。

※ 上圖為鍛鍊右側尺側屈腕肌的示意圖

2

手腕彎向正前方

手腕往掌心的前方，亦即正前方彎曲，保持在此狀態 10 秒。換邊，左手也以相同方式鍛鍊。

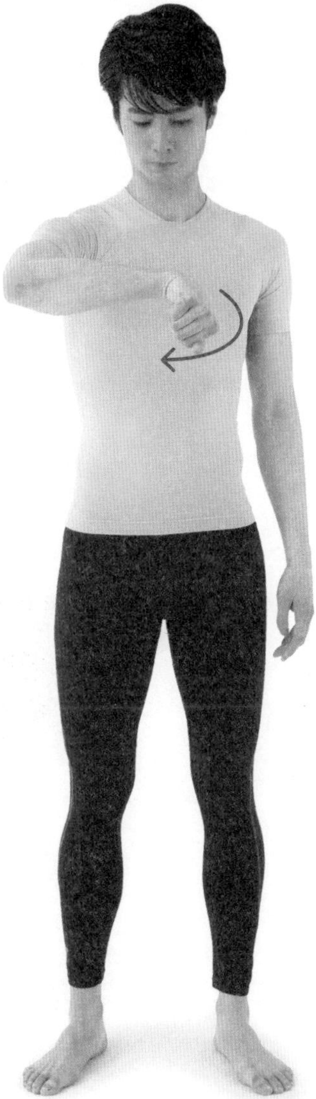

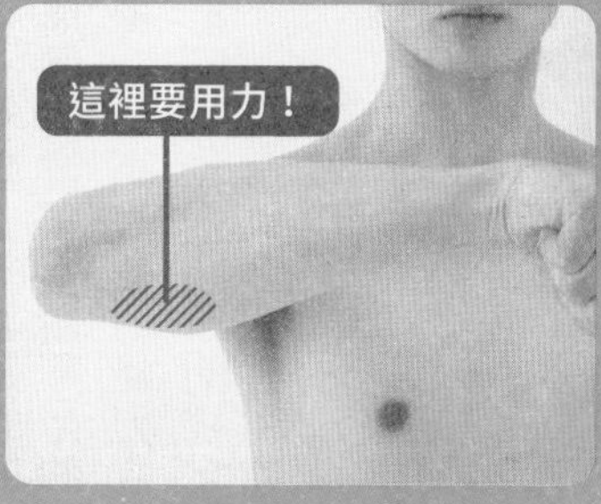

施力重點在下臂的外側

尺側屈腕肌是從手肘內側（肱骨下方的內側）延伸到掌心這一側的小指指根之肌肉。有意識地對這個範圍出力會更有效！

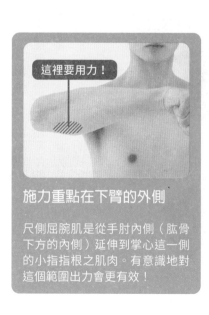

髂腰肌

鍛鍊腰、髖關節周圍的效能肌 1

生長在髖關節根部的肌肉「髂腰肌」是從前側支撐腰、髖關節的肌肉，其能提升抬高大腿的能力，並保持腰部和髖關節的穩定性。

1

坐在地上，雙腳腳底相對，張開雙腿

豎起骨盆、伸直背脊坐好，腳底相對，把兩邊的膝蓋往外側打開，如圖示範，讓大腿、小腿呈現正方形。

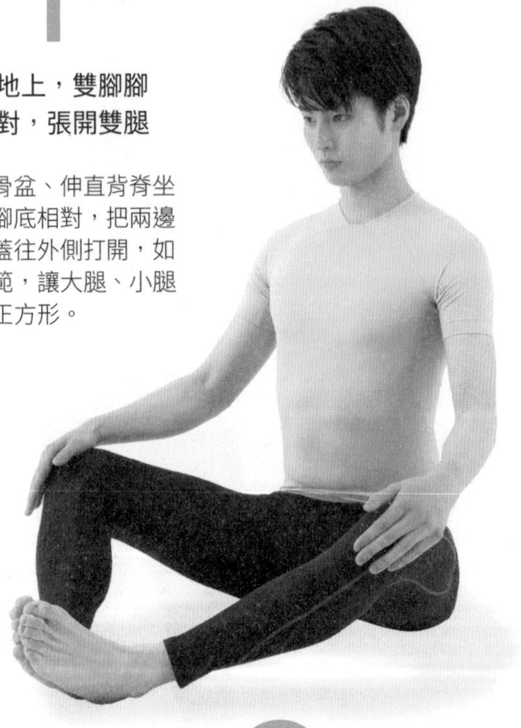

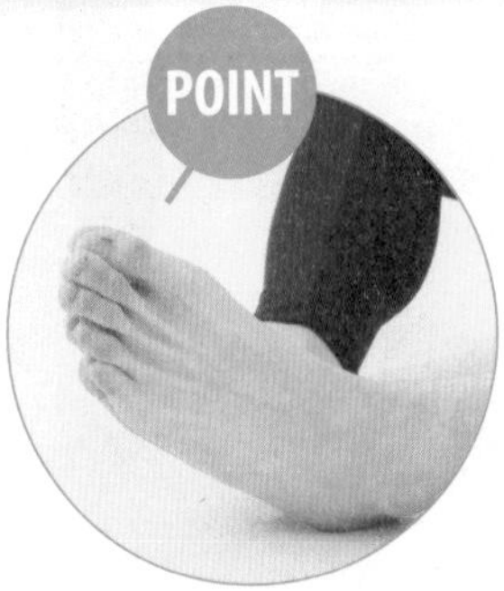

使兩隻腳的腳底相對，腳尖盡可能朝上。

2

上半身往前傾

脖子到腰部保持一直線，上半身盡可能往前傾，維持在此狀態 10 秒。

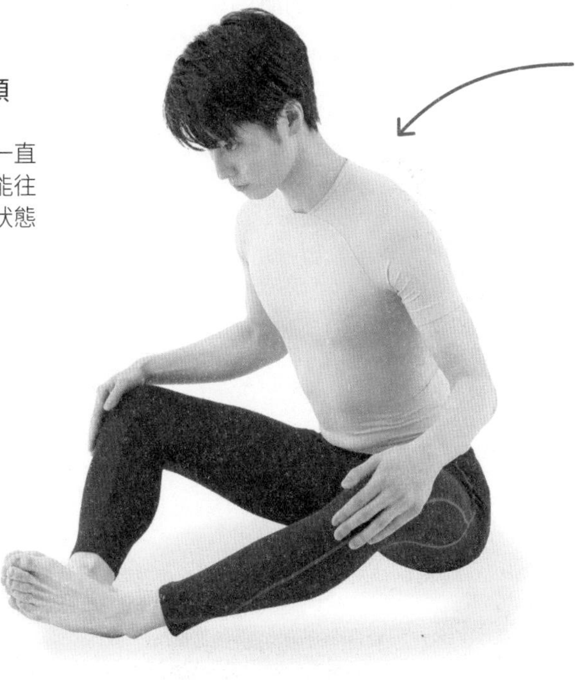

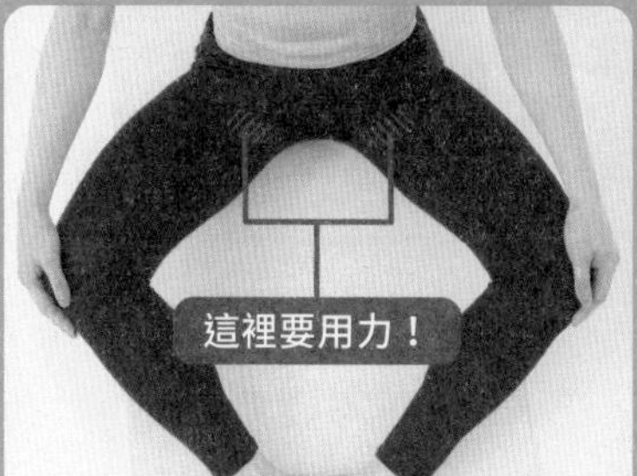

施力重點在小腹的左右兩側

髂腰肌是從脊椎骨靠近腰桿的部分（腰椎）、骨盆的內側（髂骨的內側）延伸至兩條大腿的骨頭（大腿骨）根部的肌肉。有意識地對這個範圍出力會更有效！

多裂肌、腹橫肌

「多裂肌」和「腹橫肌」是從後側
支撐腰部、髖關節的肌肉，
其有助於提升腰部及髖關節的穩定性。

右腳往上提時，兩隻腳要前後岔開，從上往下看呈現「人」字形。

1

側躺在地，右手掌心朝上

讓身體的右側朝上，胸口打開，側躺在地上；右手往前伸，掌心向上。

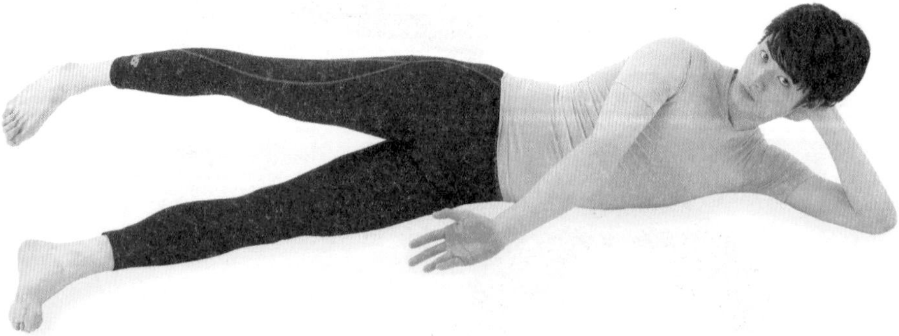

※ 上圖為鍛鍊右側的多裂肌、腹橫肌的示意圖

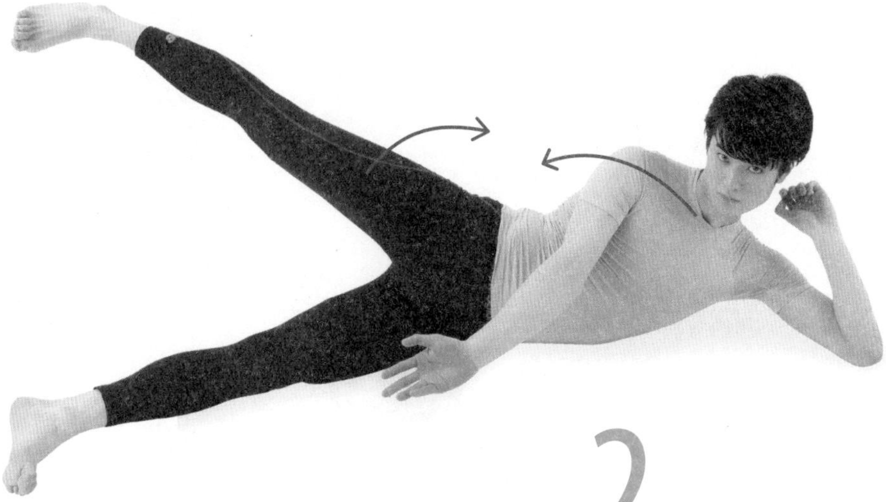

2

以收縮側腹的感覺，抬起單腳和上半身

右腳的腳尖朝下、腳朝斜後方，以讓肩膀靠近骨盆的感覺抬起上半身，保持在此狀態 10 秒。換邊，左邊也以相同方式鍛鍊。

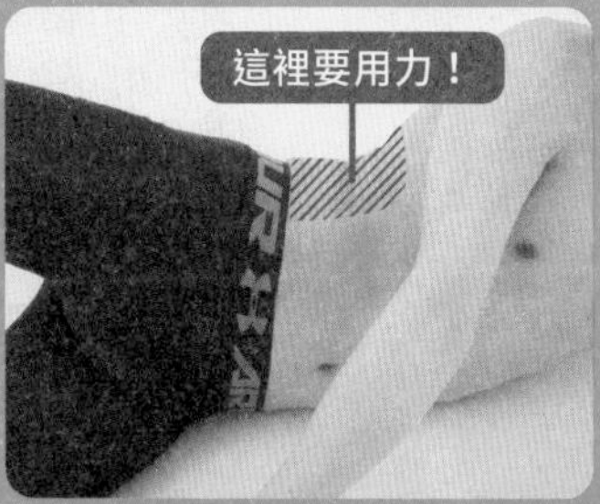

施力重點在腹部側面和腰部周圍

腹橫肌包覆著腹部兩側，而多裂肌長則在脊椎骨後面。有意識地對這個範圍出力會更有效！

膕旁內肌

鍛鍊膝蓋周圍的效能肌 1

生長在大腿內側、後側的「膕旁內肌」是從後側支撐膝蓋的肌肉，其有助於提升用力踢向地面，迅速向前移動的能力。

1

坐在地上，伸出一隻腳

豎起骨盆、伸直背脊坐好。手貼在背後的地上，用來支撐上半身的重量。右腳稍微往前伸，左腳的膝蓋彎曲約 90 度。

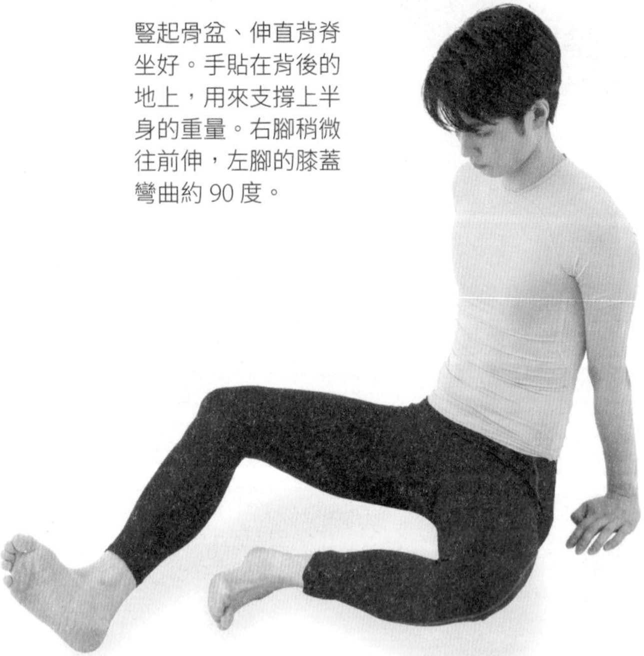

※ 上圖為鍛鍊右側膕旁內肌的示意圖

2

雙腳互推

右腳的腳跟貼著左腳的腳底，以「把右腳腳跟往身體的方向拉」和「用左腳抵抗」的感覺，停留在此狀態 10 秒。接著左右腳換邊，以相同方式鍛鍊。

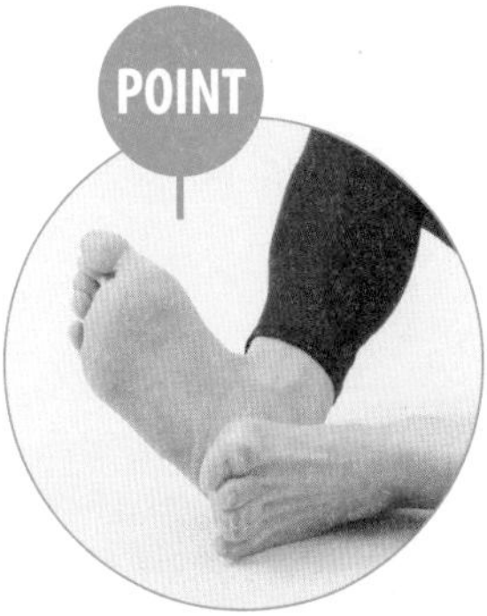

進行時，右腳的腳跟要放在地上，腳底朝向側邊、腳尖向上。

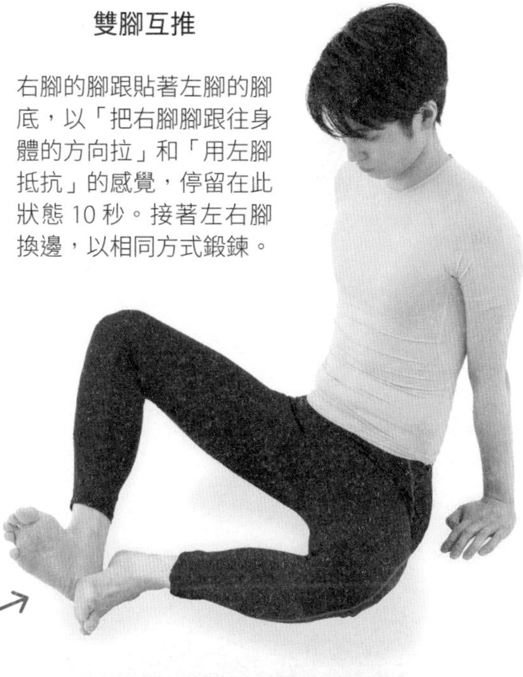

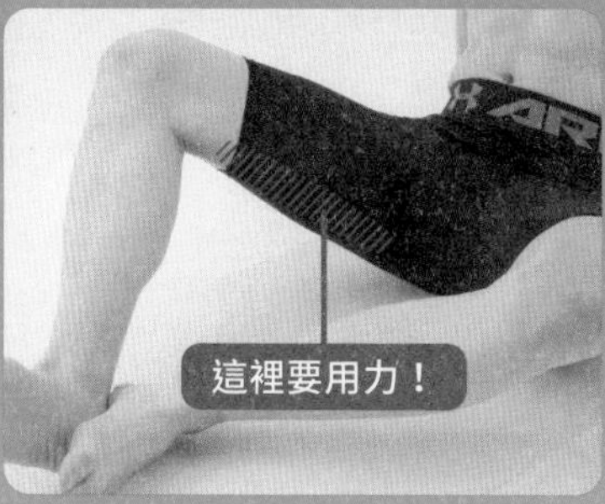

施力重點在大腿內側的後方

膕旁內肌是從骨盆左右兩邊下端（坐骨），經由兩條大腿內側後方延伸至小腿內側骨頭（脛骨）上端內側的肌肉。有意識地對這個範圍出力會更有效！

鍛鍊膝蓋周圍的效能肌 2

內收肌

位於大腿內側的「內收肌」
為間接支撐膝蓋前側的肌肉，
其能提升用力踢向地面、迅速往左右移動的能力，
有助於保持膝蓋的穩定性。

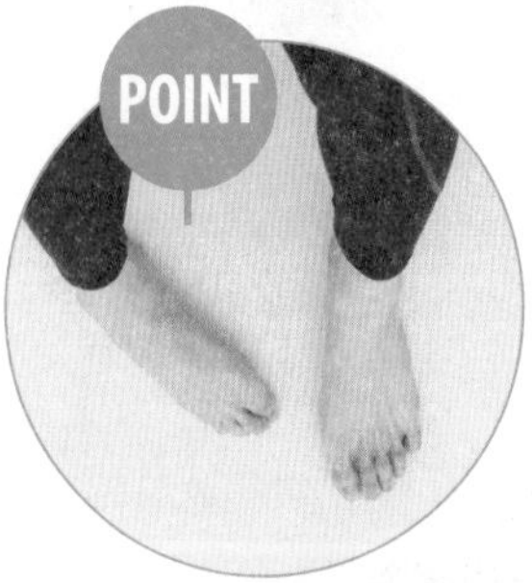

進行時，右腳腳尖要朝向內側，且注意腳跟和大拇指不可離地。

1

躺在地上，立起雙腳，單腳腳尖朝向內側

雙手的掌心朝天花板，屈膝仰躺在地上，右腳的腳尖朝向內側。

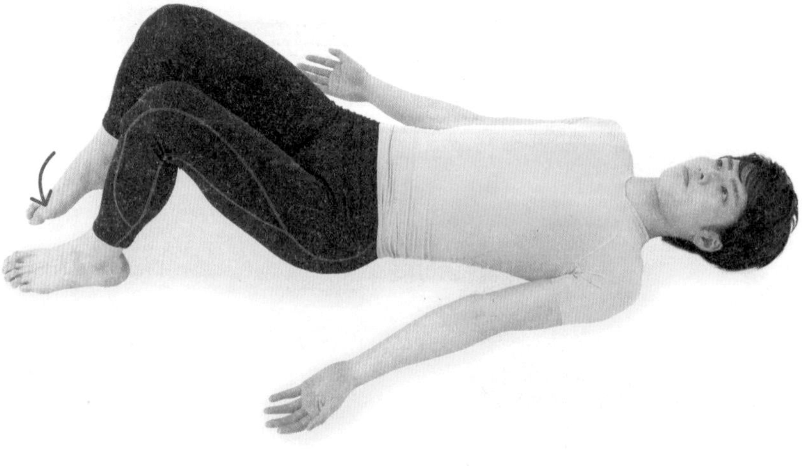

※ 上圖為鍛鍊右側內收肌的示意圖

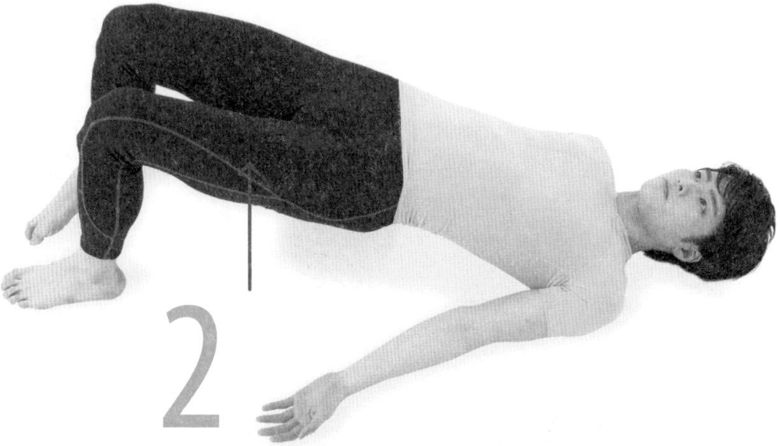

抬起臀部

雙膝、雙腳的位置保持不動，以雙手手肘、雙腳腳跟為支點，感覺像是用內收肌般提起臀部，保持在此狀態 10 秒。換邊，以相同方式鍛鍊。

這裡要用力！

施力重點在整條大腿內側

內收肌是從骨盆左右兩邊（坐骨、恥骨）的下端，經由兩條大腿內側大範圍延伸到大腿骨（股骨）的肌肉。有意識地對這個範圍出力會更有效！

脛後肌

鍛鍊腳踝周圍的效能肌 1

生長在小腿內側的「脛後肌」——是從內側支撐腳踝的肌肉，其有助於加強用腳底站穩、掌握與地面、地板接觸的感覺，還能提升腳踝的穩定性。

1

坐在地上，伸出一隻腳，另一隻腳的腳跟則貼著這隻腳小腿肚和地板

豎起骨盆、伸直背脊坐好，手貼在背後的地板上，用來支撐上半身的重量。左腳往前伸直。右腳屈膝，腳跟要貼著左腳的小腿肚和地板，保持腳尖朝上。

※ 上圖為鍛鍊右側脛後肌的示意圖

2

腳跟的位置不要跑掉，腳尖盡可能倒向內側

伸直右腳踝，腳尖往左腳的方向傾倒至極限，保持在此狀態 10 秒。換腳，以相同方式鍛鍊。

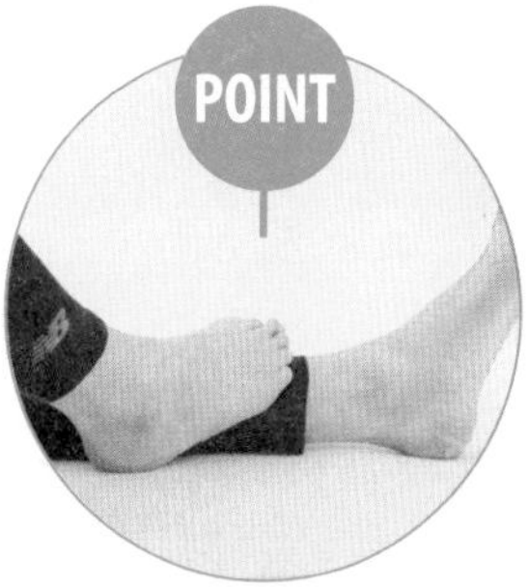

右腳腳跟要貼著左腳和地板，只有右腳腳尖倒向內側，彷彿要用右腳腳底的中央由上往下壓住左腳小腿的感覺。

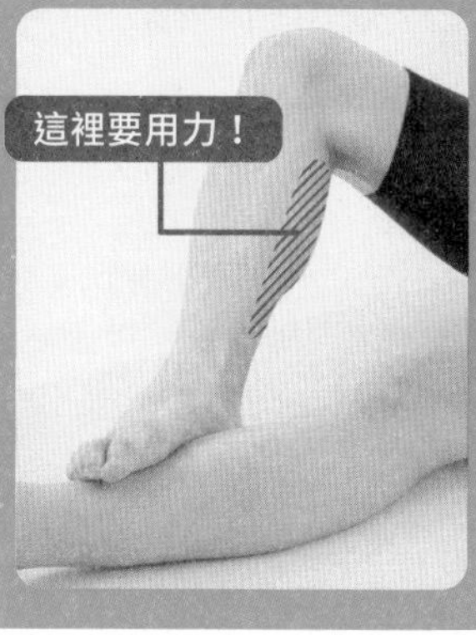

施力重點在小腿肚內側

脛後肌是從小腿內側的骨頭（脛骨）上方的內側，經由小腿肚的內側延伸到腳趾根的肌肉。有意識地對這個範圍出力會更有效！

腓骨肌

鍛鍊腳踝周圍的效能肌 2

生長在小腿外側的「腓骨肌」是從前側支撐腳踝的肌肉。與脛後肌一起鍛鍊，藉此得到穩定的腳踝吧！

1

坐在地上，單腳屈膝，朝向內側，腳尖朝上

豎起骨盆、伸直背脊坐好。手貼在背後的地板上，用來支撐上半身的重量。右腳屈膝，微微朝向內側，腳尖朝上。左腳放鬆。

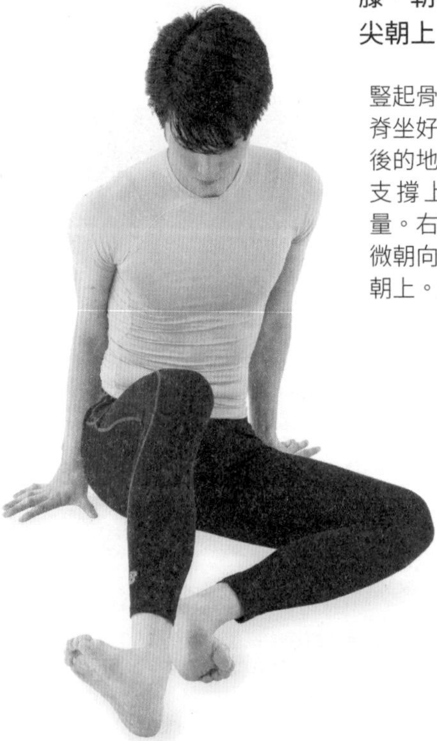

※ 上圖為鍛鍊右側腓骨肌的示意圖

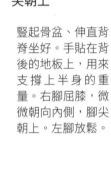

2

膝蓋、腳跟的位置不要跑掉，腳尖倒向外側，貼著地板

膝蓋、腳跟的位置不要跑掉，用大拇指的根部按壓地板 10 秒。換腳，以相同的方式鍛鍊。大拇指的位置要放在從小腿延伸出來的一直線上。

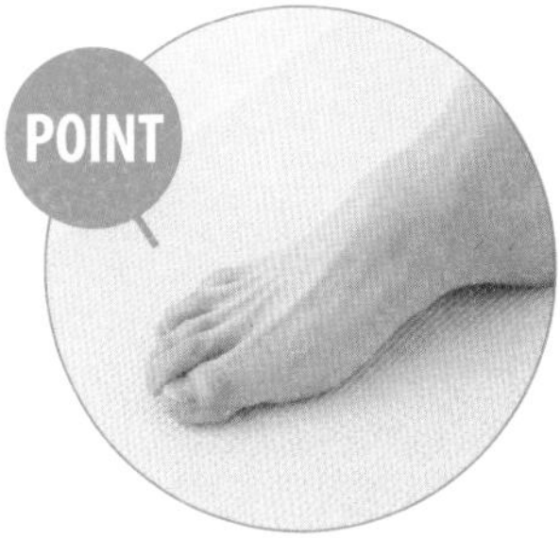

若腳趾往外翻，會變成腓腸肌（小腿肚）用力，而不是腓骨肌出力，所以腳趾可稍微握拳。

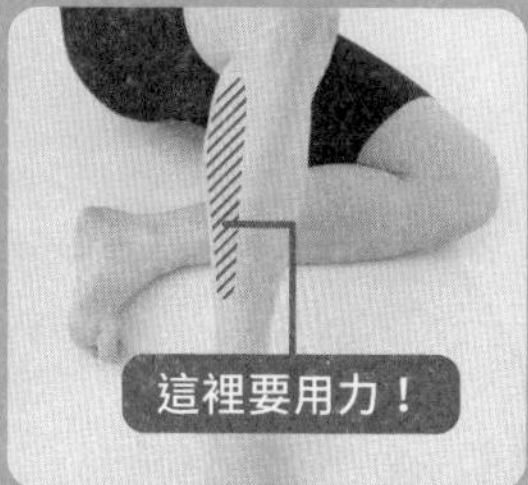

施力重點在小腿外側

腓骨肌是從小腿外側的骨頭（腓骨）上方，經由小腿內側延伸到腳趾根的肌肉。有意識地對這個範圍出力會更有效！

2

剖析肌肉組成，認識

「效能肌鍛鍊法」的科學原理

調整「肌肉的使用比例」至理想狀態，瞬間提升運動能力

顧名思義，效能肌鍛鍊法就是要鍛鍊偷懶的肌肉。另一方面，則是在第一章已經說明過為了彌補（代償）這些肌肉偷懶的部分，我們身上還有一種過度勞動，名為「勤勞肌」的肌肉。

這些勤勞肌會因為超出了「原本分配到的工作量」而變得緊張、僵硬。然而，只要鍛鍊變得軟弱無力的效能肌，就能改變效能肌與勤勞肌之間「肌肉的使用比例」，藉此讓效能肌乖乖地工作，而原本過度勞動的勤勞肌，也會自動地得到舒緩。

當肌肉使用的比例達到理想狀態時，就能自由自在地操控自己的身體，要大要小、要快要慢都能隨心所欲，從而大幅提升自己的表現力。

除此之外，效能肌鍛鍊法還能從根本上提升運動能力，帶來令人喜悅的變化。

話說回來，用於運動的肌力強弱本來就不是光靠肌肉的粗細或肌肉量決定。事實上，大腦發出的「工作」指令的密度也會造成極大的影響。所以，藉由重點式鍛鍊已經衰退的效能肌，只需要10秒生理學上的鍛鍊，就能立即提升與運動能力有關的肌耐力。

真人實證！利用效能肌鍛鍊法，立刻提升背部的肌耐力

體能測驗／男性．14歲

我曾經於測量某個國中二年級男學生體能測驗時，進行效能肌鍛鍊法來對照前後的背部肌力。發現鍛鍊前的背部肌力為一〇四公斤，而進行效能肌鍛鍊法之後上升

到一二八公斤；短短十秒就讓數值增加到二十公斤以上。除此之外，這也並非只是一時的效果，只要持續進行效能肌鍛鍊法，肌肉的粗細和肌肉量都會直線上升。也就是說，我們能透過效能肌鍛鍊法，進入運動能力持續上升的良性循環。

由此可證，我們必須適度地採行效能肌鍛鍊法。在第一章已經為各位介紹過基本的實踐作法，而在本章將結合相關的運動科學和肌肉組織原理，詳細介紹「效能肌鍛鍊法」之所以有效的原因。

鍛鍊前鋸肌的神奇效果

避免肩膀、背部、手臂出狀況，還能充分發揮肩膀至整條手臂的力量

「前鋸肌」分布在左右兩側的腋下，顧名思義，這是從「前」面支撐肩胛骨，使肩胛骨保持穩定，長成「鋸」子形狀的肌肉。

前鋸肌主要在肩胛骨向外側打開、手臂在身體的前～上的範圍內活動時產生作用，例如：讓手臂「往前伸出去」或「用力往下甩」。另外，活動由肩胛骨與肋骨構成的關節

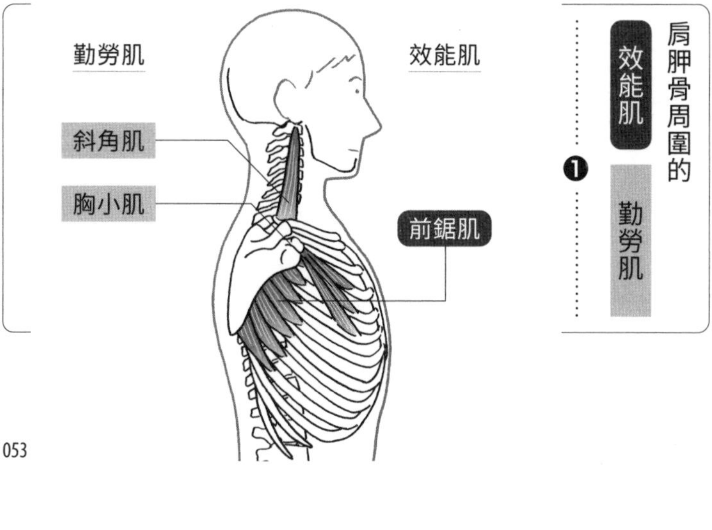

（肩胛胸廓關節）時，前鋸肌也扮演著重要的角色。

萬一前鋸肌偷懶變成偷懶肌，為了彌補前鋸肌的空缺，位於前鋸肌上方，具有相同作用的「胸小肌」就會過度勞動，變成勤勞肌。如此一來，肩胛骨就很容易被拉向外側，導致肩膀跑到前面，變成「圓肩」。與此同時，脊椎骨從脖子到胸口的部分（頸椎、胸椎）也會受到不良影響，導致脊椎骨失去本來應有的弧度，變得僵直，亦即很容易變得「頸椎過直」。

尤有甚者，位於脊椎骨的脖子部分（頸椎）與肋骨間的「斜角肌」，也會受到過度的拉扯，很容易因此緊繃、僵硬，進而引起脖子痠痛。不僅如此，當肩胛骨向外拉扯，就連肩胛骨與脊椎骨之間的「菱形肌」也很容易變得緊張、僵硬。

一旦發生這樣的狀況，別說是想提升運動成績了，背部還會出現拉扯般的疼痛，手臂也很容易出現麻或痛的不適現象。正因為如此，我們必須鍛鍊衰退的效能肌（前鋸肌）。只要以正確的姿勢來做，就能讓剛才提到的肌肉恢復正常，改善肩膀到整條手臂的出力方式。

然而，要是像下面的照片那樣，採取施力點錯誤的作法，不僅無法鍛鍊到前鋸肌，還會讓勤勞肌更加用力，所以進行鍛鍊時，請一定要特別留意小心。

NG 前鋸肌
的 NG 鍛鍊動作

舉起肩膀或掌心向下時，對脖子、肩膀等其他肌肉用力。

鍛鍊菱形肌的神奇效果

重點式鍛鍊菱形肌，不僅能穩定肩胛骨、活化動作，還能擴大視野

「菱形肌」生長在脊椎骨的胸口部分（胸椎）與兩邊的肩胛骨之間，是從「後面」支撐肩胛骨，讓肩胛骨保持穩定的肌肉。顧名思義，這條肌肉為菱形，主要在肩胛骨往內側靠攏、手臂在下～後面的範圍內活動時產生作用。

菱形肌一旦偷懶，肩胛骨就無法向內側靠攏。如此一來，其他的肌肉就得努力代為完成

肩胛骨周圍的 ❷

效能肌

勤勞肌

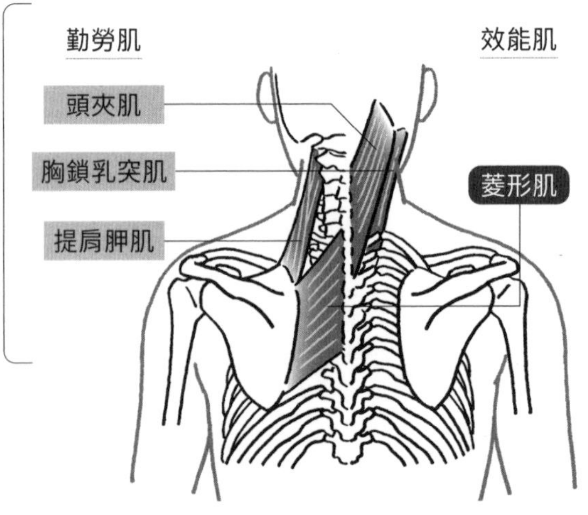

這個動作。這個苦主是位於脊椎骨的脖子部分（頸椎）與兩邊的肩胛骨間的「提肩胛肌」。當提肩胛肌的緊繃、硬化時，將導致脖子根部～肩膀後面的大範圍的僵硬以及疼痛。

另外，菱形肌一旦變成偷懶肌，肩胛骨的動作不再順暢後，當頭部往兩邊轉動時，「胸鎖乳突肌」和「頭夾肌」這兩條肌肉，就必須加倍工作。

胸鎖乳突肌是位於胸腔正面的骨頭（胸骨）與從鎖骨延伸到側頭部（側頭骨）的肌肉，頭夾肌則是基本上從脊椎骨的脖子和背部（頸椎和胸椎）延伸到後腦勺（後頭骨）之間的肌肉。這些肌肉都很容易變成勤勞肌。

舉個例子，脖子轉向左邊時，本來應該是左邊的菱形肌要工作，做出讓左邊的肩胛骨往

NG 菱形肌的 NG 鍛鍊動作

彎曲手肘、掌心朝向自己的時候，如果對肩膀、手臂出力，反而沒有效果。

內側靠攏的動作，可是當上述機制失去作用時，右邊的胸鎖乳突肌和左邊的頭夾肌就必須加倍工作。而且以動作來說，因為無法轉向旁邊或後面，不用說也知道會產生「視野狹小」、「判斷變慢」，導致運動表現變差的結果。

雖然，我們經常可以看到菱形肌的鍛鍊法，但那些方法十之八九都不是單獨鍛鍊菱形肌，而是連同其他肌肉也跟著一起用力。因此，會更加過度使用勤勞肌，更不容易出現成效，但是我這套效能肌鍛鍊法則重點式地鍛鍊菱形肌，正確施力在菱形肌上。

以正確的姿勢進行效能肌鍛鍊法，亦即不彎曲手肘、不讓肩膀往前傾，就會看見顯而易見的成效。

鍛鍊肩胛下肌的神奇效果

可提升往下甩手時的力量與正確性

「肩胛下肌」是生長在非常深層的深層肌肉（Inner Muscles），大範圍地覆蓋在肩胛骨前側，支撐著肩關節（肩胛肱關節）的前側。活動時，為了不讓肩關節脫臼，肩膀往內側扭轉的時候、手臂由上往下甩的時候，都有肌肉要工作。為此，當肩胛下肌一旦開始偷懶，「胸小肌」、「喙肱肌」、「肱二頭肌」等肌肉，就會同時變得僵硬。

肩膀周圍的 效能肌 ❶ 勤勞肌

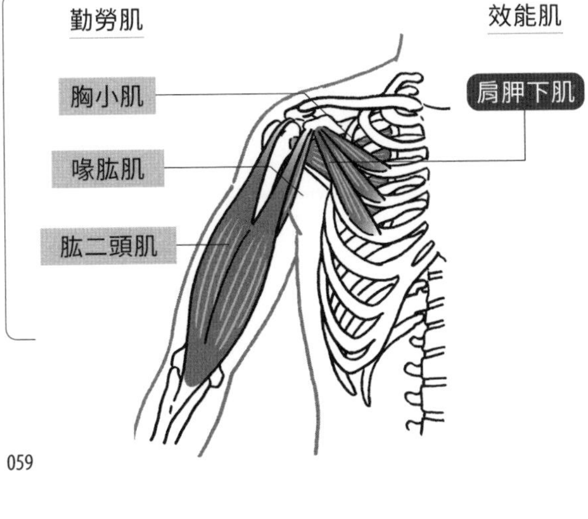

因為這三條肌肉也跟肩胛下肌一樣，都生長在肩關節旁邊、肩胛骨的突起部分（喙突）的周圍，這三條肌肉必須同時運作，才能彌補肩膀往內側扭轉時偷懶的肩胛下肌原本該做的工作。

然而，肩膀往內側扭轉的動作並非胸小肌、喙肱肌、肱二頭肌「本來該做的份內事」。因此一旦過度工作，變成勤勞肌，導致這三條肌肉緊繃、僵硬，就會變成「圓肩」。然而，這時只要對偷懶的肩胛下肌加以鍛鍊，就能使過度努力的胸小肌、喙肱肌、肱二頭肌自動擺脫緊繃、僵硬的狀態。

除此之外，如果同時鍛鍊隔著肩膀，生長在肩胛下肌的另一邊，負責相反作用的「肱三頭肌」，也能讓肩膀周圍的肌力平衡

NG 肩胛下肌 的 NG 鍛鍊動作

抬起肩膀或手肘、掌心朝向內側（身體這一側）時，是脖子、肩膀、背部用力，而不是肩胛下肌用力。

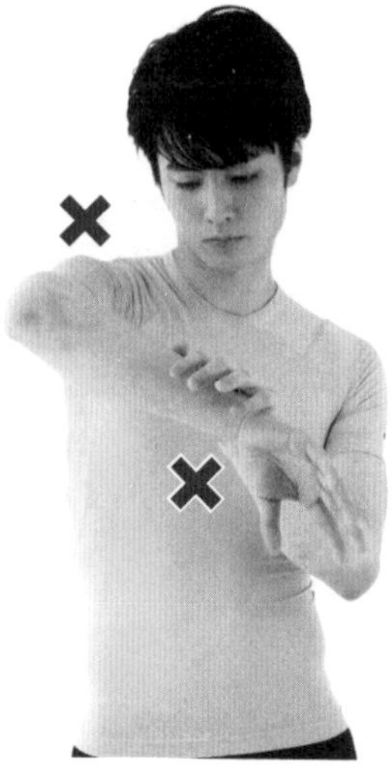

處於理想狀態，進而使得投球等運動能力，出現大幅度的改善。

順帶一提，肩膀往內側扭轉時，肩胛下肌和前鋸肌將形成關係密切的協同肌，因此只要同時鍛鍊前鋸肌，也能有效地提升肩胛骨的表現力。尤其有助於飛躍性地提升「投的能力」，而關於這一點將在第六章為各位做更詳細的說明。

若想擴大手臂的可揮動範圍，可以這樣鍛鍊

「肱三頭肌」從肩胛骨和兩條手臂的骨頭（肱骨）延伸到手肘；一言以蔽之，是長在兩條手臂後面的肌肉。

這條肌肉最為人熟知的主要作用，是「伸直手肘」的功能。但實際上在肩膀往外側扭轉時，扮演著更重要的角色，因為它是從後面支撐肩關節（肩胛肱關節）的肌肉。因此，一旦肱三頭肌偷懶，為了彌補肩膀往外轉的動作，其他的

肩膀周圍的
效能肌
❷
勤勞肌

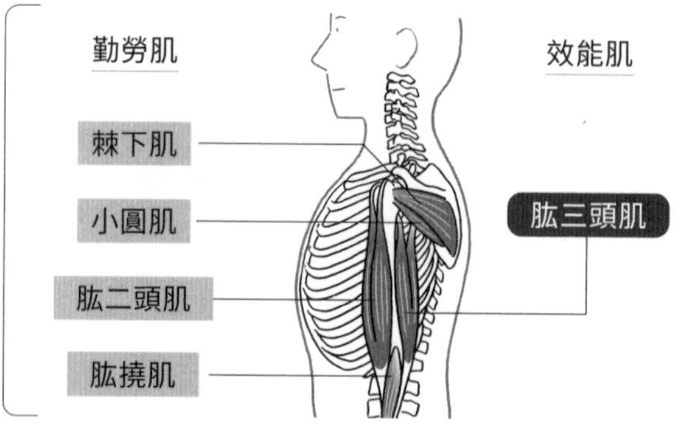

肌肉就必須加班工作，進而變得緊繃、僵硬；這些肌肉位於肩胛骨後側，是從肩胛骨內側橫向往肱骨生長的「棘下肌」和「小圓肌」。

看看右下方的NG鍛鍊動作真人示範。不難發現當棘下肌與小圓肌收縮，就能做出肩膀往外側扭轉的動作。

另外，肱三頭肌一旦偷懶，肩膀就不容易向外側扭轉，而是改用長在肘關節外側的肌肉「肱撓肌」來完成這個動作。這麼一來，這條肌肉就會變成勤勞肌，變得僵硬、緊繃。

肱三頭肌也是用力舉起肩膀～手臂時會用到的肌肉。因此，當肱三頭肌開始偷懶，替肱三頭肌做出這些動作的肌肉就會成為勤勞肌；這條肌肉是可以在上臂擠出肌肉的「肱二頭肌」。然而，一旦這些代償肌肉疲憊、硬化，

NG 肱三頭肌的 NG 鍛鍊動作

這個動作錯誤在伸直手臂時，肩膀的位置跑到前面，使膀子、肩膀等前側肌肉也跟著用力。

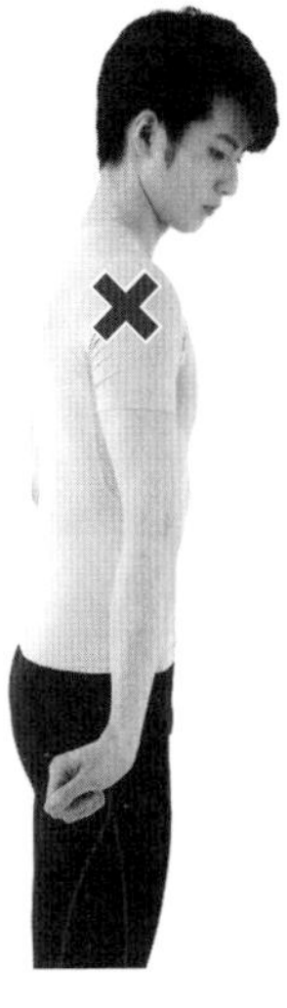

肩膀就會變得極不穩定，導致手臂很難用力舉起。正因為如此，我們必須改善會變成「萬惡源頭」肱三頭肌的平衡狀態。

此外，肱三頭肌與肩膀往外側扭轉時會用到的菱形肌，有著非常密切的關係，形成所謂的「協同肌」。因此只要同時鍛鍊菱形肌，對於提升肩關節的表現力，也非常有效。

鍛鍊橈側屈腕肌的神奇效果

鍛鍊下臂靠近大拇指側的肌肉，好處多多

下臂分成生長在大拇指側的長骨＝「橈骨」，和生長在小指側的長骨＝「尺骨」。「橈側屈腕肌」是從手肘內側＝兩條手臂的骨頭（肱骨）的下端內側，經由下臂靠近大拇指的那一側（橈骨側）延伸至掌心的食指、中指指根的肌肉，用以支撐手腕及手指的內側（大拇指側）。

這條肌肉除了能穩定手腕，也是手腕朝掌

手腕、手指周圍的

❶

效能肌

勤勞肌

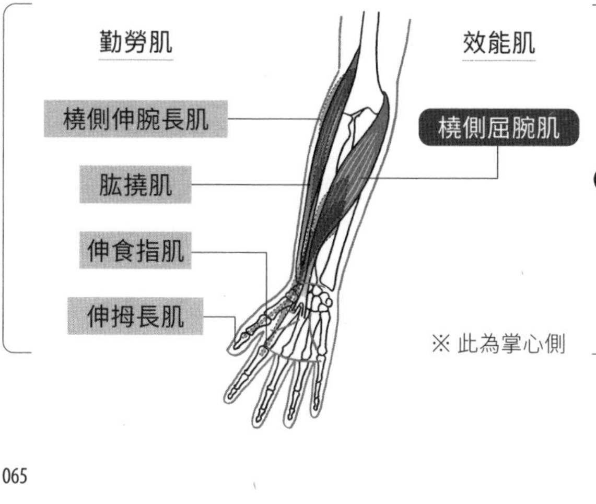

※ 此為掌心側

心方向彎曲、手腕往內側扭轉、做出捏合動作＝用大拇指、食指抓住東西的動作時的「主要運作」肌肉。

因此，若上述橈側屈腕肌變成了偷懶肌，身體就會開始代償轉動手肘的弱點。因為手腕無法彎向掌心那一側，只好借用手肘使力。尤其會大量地用到位在手肘外側，能產生強大力量的「肱撓肌」。結果造成這條肌肉變成勤勞肌，進而緊繃、僵硬。

另外，緊鄰著上述肱撓肌生長的肌肉「橈側伸腕長肌」也會過度勞動，使其變得緊繃。如此一來，手肘的外側會變粗、內側變細，導致下臂處於不平均的狀態。想當然耳，手腕往掌心那一側彎曲、手腕往內側扭轉的動作也會變得很吃力。不僅如此，橈側屈腕肌一旦變成

NG 橈側屈腕肌的 NG 鍛鍊動作

彎曲手腕時，如果往自己的胸前彎曲，會使不上力，或對手臂外側的肌肉用力，這樣都不行。

偷懶肌，有好幾條靠近大拇指的肌肉的肌力都會愈來愈差，導致食指無法順利地彎曲。

在這種「大拇指收回動作呈現衰退狀態」時想做出捏合動作，就會拉扯伸直食指的肌肉（伸食指肌），使伸直大拇指的肌肉（橈側伸腕長肌）因為過度使用而陷入緊繃、僵硬等不舒服狀態，降低揮棒、打擊的力道。

由此可見，鍛鍊橈側屈腕肌時，請務必提醒自己要將手腕往掌心的正下方彎曲、對下臂的內側用力等狀態下進行，才是有效的鍛鍊。

鍛鍊尺側屈腕肌的神奇效果

即使一直使用握力器鍛鍊，也無法增加握力

與上一篇的橈側屈腕肌相反，「尺側屈腕肌」是順著位於下臂小指側的長骨＝「尺骨」延伸的肌肉。這條肌肉除了能強化手腕的穩定度、強度之外，與開門之類轉動手腕的動作，尤其與握力的強度有很大的關係，是所有「用到手的運動」中，絕對不能輕忽的肌肉。

這條肌肉一旦偷懶，伸直手肘時，下臂就很容易往外翻轉，導致下臂的骨頭（尺骨）容

手腕、手指周圍的
效能肌❷勤勞肌

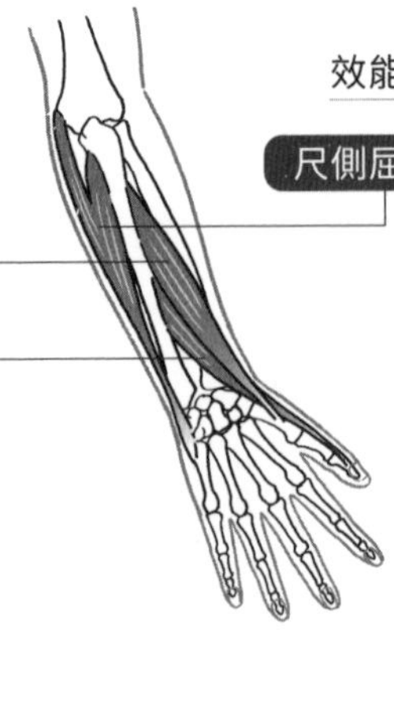

※此為手背側

易錯位。當這種情況發生時，可想而知，身體為了自保，名為「外展拇長肌」的肌肉會過於努力，以防止脫臼。

此外，位於外展拇長肌旁邊的「伸拇短肌」也會反應過頭，變得容易緊繃、僵硬。如此一來，不只用手握住的動作，亦即握力衰退，張開手和手指的動作也會變得比較吃力，容易變成扳機指，也是導致手腕靠近小指那一側慢性疼痛的原因（TFCC 損傷）。

還有，手腕的關節是由八塊骨頭（腕骨）構成，從手肘內側延伸出去的「尺骨神經」延伸到腕骨中間（小指側）。這條神經負責掌管小指及無名指的感覺，支配整隻手的肌肉。如果尺側屈腕肌變成偷懶肌，這項功能就會受到破壞，對握力造成不良影響。

NG 尺側屈腕肌的 NG 鍛鍊動作

若手腕往身體或地板的方向彎曲，尺側屈腕肌就使不上力，反而會是手肘等肌肉用力，請特別注意。

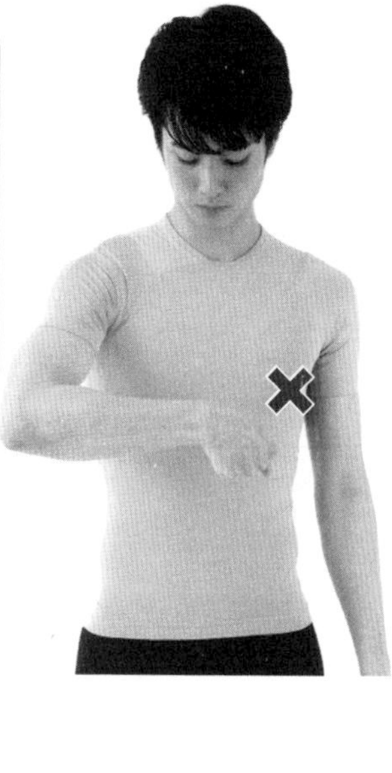

鍛鍊髂腰肌的神奇效果

鍛鍊支撐腰部前側的肌肉，能避免「跑的能力」衰退或停滯不前

「髂腰肌」由「腰大肌」、「腰小肌」、「髂肌」等三條肌肉構成，可以說是支撐腰、髖關節前側最具有代表性的深層肌肉（Inner Muscles）。腰大肌是從脊椎骨的腰部（腰椎）延伸至兩邊髖關節根部（小轉子）上端的肌肉。腰小肌是從腰大肌分開的肌肉，扮演著輔助腰大肌的角色。至於髂肌，則是從骨盆內側

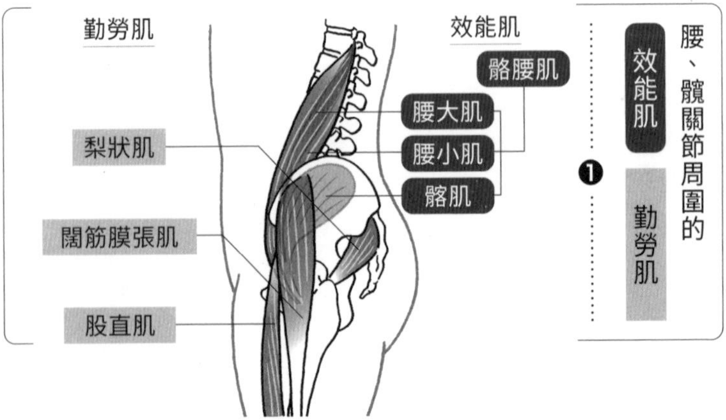

延伸至兩邊髖關節根部的肌肉。

無論如何，提到髂腰肌的主要功能，不外乎❶「彎曲髖關節提起大腿（腳）」和❷「髖關節向外側打開」這兩個重點。因此，髂腰肌一旦偷懶，為了彌補❶的功能，位於大腿斜前方的「闊筋膜張肌」和位於大腿前側中央的「股直肌」會過度勞動，變成勤勞肌。

與此同時，在前側支撐腰部的髂腰肌一旦偷懶，支撐腰部的另一邊＝後側的「多裂肌」也會變得緊繃、僵硬。當這些肌肉變得緊繃、僵硬，骨盆就會前傾，導致腰椎過度前彎，還可能會出現腰痛的問題。

另外，❷的功能也會衰退，由於前述的闊筋膜張肌也具有合攏髖關節（腳）的作

NG 髂腰肌
的 NG 鍛鍊動作

萬一彎腰駝背，腰、大腿的肌肉會過度用力，所以要特別小心。另外，腳跟的位置如果太靠近髖關節，原本應該形成正方形的大腿、小腿肚會變成菱形，這樣也是不正確的。

用，所以會變得有點內八，走路、跑步的時候會產生左右搖擺的「無謂動作」。不僅如此，為了彌補❷的不足，幾乎位於臀部正中央最深處的「梨狀肌」會過度勞動，變成勤勞肌，導致整個臀部變得硬邦邦，運動的表現自然不會出色。

基本上，髂腰肌一旦開始偷懶，會對許多跟「跑的能力」有關的運動，造成重大影響，使其衰退或停滯不前，所以請務必積極鍛鍊髂腰肌。

鍛鍊多裂肌、腹橫肌的神奇效果

鍛鍊支撐腰兩旁、後側的肌肉，使骨盆調整至最佳平衡狀態

「多裂肌」位於脊椎骨後方的左右兩側，具有使構成脊椎骨的其中一塊骨頭（椎骨）保持穩定，讓腰部、上半身有往後仰的作用。

簡單說，多裂肌是在「最深處的後側」支撐腰部的肌肉，然而一旦這塊肌肉偷懶，腰桿就愈來愈伸不直。其結果，會造成在「最深處的前側」支撐腰部的肌肉「髂腰肌」必須過度勞動，進而緊繃、僵硬。

腰、髖關節周圍的效能肌❷勤勞肌

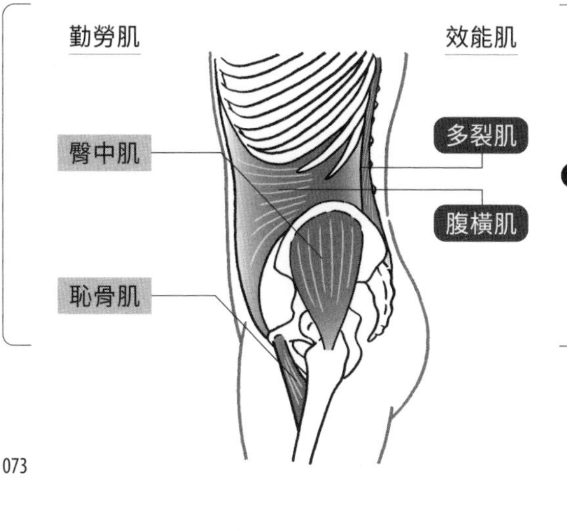

另外，名為「恥骨肌」的肌肉生長在與髂腰肌同樣的地方，兩者的功能大同小異，因此會受到「多裂肌偷懶→對髂腰肌造成負擔」的影響，變成勤勞肌，很容易緊繃、僵硬。

另一方面，「腹橫肌」大面積地覆蓋在腹部最深處的左右兩側，對於保持腰部及軀幹的穩定作用，特別重要，也關係到呼吸功能的肌肉。剛才提到的多裂肌是從「前後的觀點」說明其與腰（骨盆）的關係，這次將從「左右的觀點」帶大家看。

可以發現為了保持腰的骨盆左右平衡，必須讓幾乎位於骨盆兩側的「臀中肌」及生長在左右兩邊，彷彿要連接起上半身與骨盆的肌肉（腹橫肌）好好地運作。

針對腹橫肌的說明一直圍繞「縮小腹的作

NG 多裂肌、腹橫肌的 NG 鍛鍊動作

腳尖向上、抬起腳時，請不要對腹肌的前側或大腿等其他肌肉用力。

用」打轉，但也不能忽略提起骨盆（＝壓低肋骨）的作用。

因此如果腹橫肌不工作，變成偷懶肌，就只剩臀中肌負擔承受支撐上半身的重量、保持骨盆水平的「重勞動」。如此一來，就無法隨心所欲地發揮與所有在陸地上進行的運動有關的「跑」的能力。

多裂肌和腹橫肌是同時運作的肌肉，所以，不妨適度地加上即將在第三章介紹的「用椅子減輕負擔的變化版」，有效鍛鍊多裂肌和腹橫肌吧！

鍛鍊膕旁內肌的神奇效果

不僅能使動作更靈活，還能有效預防、改善膝蓋問題

「膕旁內肌」是指生長在大腿後側肌肉內側的肌群。膕旁內肌是由「半腱肌」和「半膜肌」構成的肌肉總稱，從骨盆左右兩邊的下方（坐骨），經由兩條大腿內側的後面，延伸至小腿內側的骨頭（脛骨）上端內側。

這條膕旁內肌的主要功能，是彎曲膝關節（屈曲）、往內側扭轉（內旋）、將髖關節向後方伸直（伸展）等。

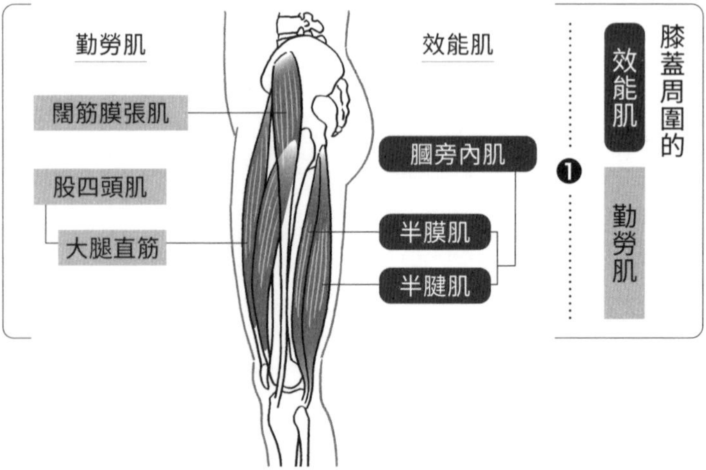

那麼，說到臑旁內肌偷懶，會發生什麼事呢？無非是膝蓋後側的肌肉支撐力會變差，位於膝蓋前側的肌肉＝「股直肌（股四頭肌中位於前面中央的肌肉）」就必須過度勞動，以支撐膝蓋。也就是說，這些肌肉很容易變成勤勞肌，殂而變得緊繃、僵硬。而且因為拉扯到這些肌肉，膝蓋的前側及外側還會感到疼痛，膝蓋也容易變得難以彎曲。

除此之外，當臑旁內肌開始偷懶，膝關節的屈曲、內旋的動作會跟著變差，相當於相反的動作，亦即有助於伸展、外旋膝蓋的闊筋膜張肌也很容易過勞。如此一來，也會導致闊筋膜張肌變得緊繃、僵硬。

不僅如此，這條臑旁內肌同時也是與髂腰肌一起運作的肌肉。誠如前面針對髂腰肌的說

NG

臑旁內肌
的 NG 鍛鍊動作

腳底朝向正前方或膝蓋舉得太高的話，大腿後面的外側肌肉會用力，這是錯誤的。

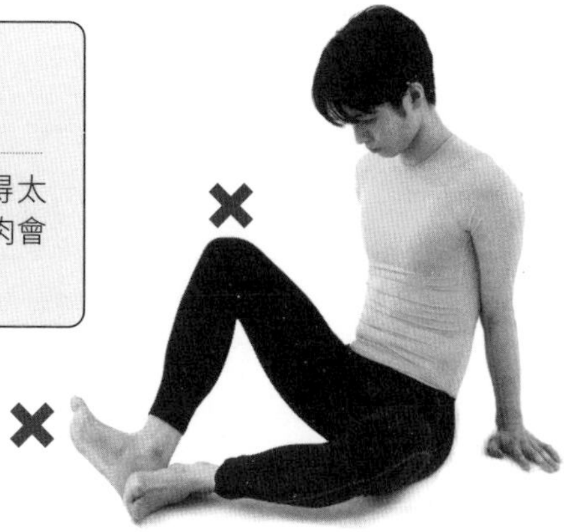

明中，曾提到「髂腰肌一旦偷懶，骨盆就會前傾，導致腰椎過度前彎，可能還會腰痛」，同理可證，當膕旁內肌變成偷懶肌，腰椎也很容易過度前彎，產生腰痛的現象。也就是說，若是任由膕旁內肌偷懶，各項運動的表現不僅無法變好，膝蓋和腰部也可能會出許多疼痛、緊繃等不適問題。

在第五章我將為各位介紹可以用椅子減輕負擔的變化版鍛鍊法，所以請配合時間、地點、場合，養成重點式鍛鍊的好習慣。

鍛鍊內收肌的神奇效果

鍛鍊平常用不太到的「大腿內側」，防止內收肌快速退化

「內收肌」是從骨盆兩邊的下端（坐骨、恥骨），經由左右兩條大腿的內側，大範圍地延伸到大腿骨（股骨）。正確地說，內收肌是由「內收大肌」、「內收長肌」、「內收短肌」、「薄肌」、「恥骨肌」等肌肉構成的肌群，主要負責髖關節的內收與伸展；也就是說，具有讓腳往內側轉動、筆直向後方伸展的作用。

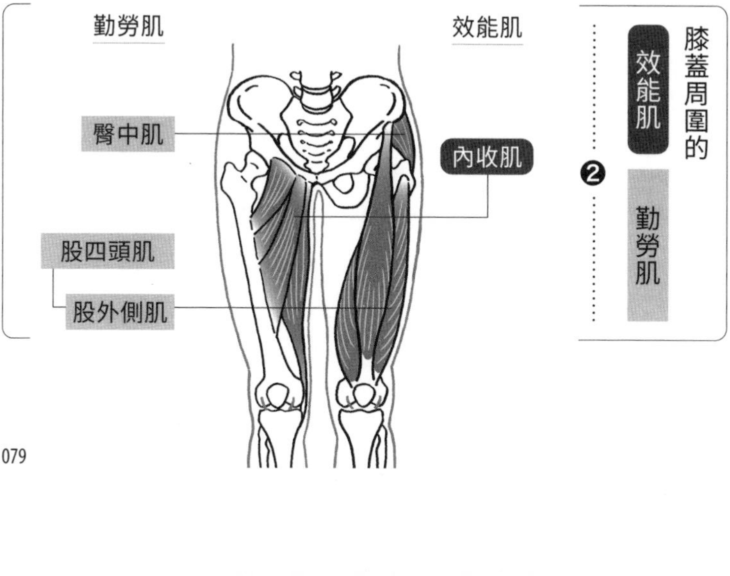

然而，內收肌一旦偷懶，就必須改用其他的肌肉伸直髖關節。上一篇提到的「膕旁內肌」就是用來輔助偷懶的內收肌，與內收肌扮演相同的角色，協助髖關節往後方伸展的肌肉。

另外，內收肌與左右動作、重心平衡也有很密切的關係，此外，與腹橫肌也是協同肌的關係。

在說明腹橫肌的時候，提到過「腹橫肌一旦偷懶，就只剩下臀中肌保持骨盆的平衡」，這是指「腰周圍的左右重心平衡」。當作用是把重心放在軸心那隻腳的腹橫肌偷懶，臀中肌就必須代替腹橫肌，變成勤勞肌，從髖關節的外側支撐腰周圍的左右重心平衡。

NG 內收肌
的 NG 鍛鍊動作

當雙腳站得太開、鍛鍊時膝蓋轉向內側，出力的就不是大腿內側，變成是後面或臀部肌肉出力，這樣是錯誤的。

同樣的狀況也會發生在膝蓋周圍。當內收肌偷懶，「滑向外側的力量」就會對膝蓋周圍造成壓力。由此可見，一旦內收肌偷懶，髖關節到膝蓋就很容易外八字，位於膝蓋外側的「股外側肌（股四頭肌中長在最外側的肌肉）」就會變成過度勞動的勤勞肌，利用反對的向量來支撐身體。

如果內收肌一直處於偷懶的狀態，大腿內側的肌肉會變細，大腿外側的肌肉則會變粗，導致兩條腿粗細不一。如此一來，為了不讓其中一條腿因為承受太大的力量而受傷，身體會無意識地保存實力。因此，在「一決勝負」的時候，便無法發揮原本的實力，自然無法獲得想要的比賽結果。

內收肌是如果不特別鍛鍊就很容易衰退的肌肉，所以請利用這套鍛鍊法重點式地好好鍛鍊。

鍛鍊脛後肌的神奇效果

鍛鍊小腿內側肌肉，可強化雙腳彈性，進而能牢牢抓住地面

「脛後肌」是生長在小腿內側的肌肉。從小腿內側的骨頭（脛骨）的上方，經由小腿肚最深層的內側，從內側支撐著腳踝。這條肌肉的作用，是讓腳踝往內側的下方轉動（內旋）或伸直腳踝（蹠屈）。

因此，當脛後肌變成偷懶肌，腳踝到腳尖就很容易向外翻。與此同時，由於這條肌肉的

腳踝周圍的效能肌❶勤勞肌

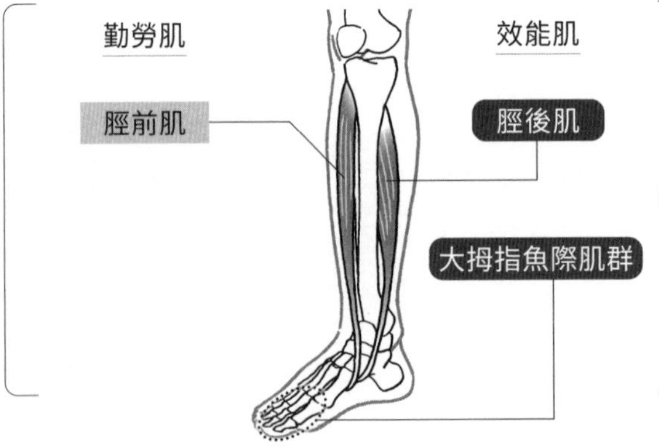

功能變差了，用來讓腳踝往內側的下方扭轉、伸直腳踝的肌肉，就得開始努力工作，以彌補脛後肌偷懶不工作的部分。

換句話說，負責讓腳踝往內側扭轉的「脛前肌」就會變成勤勞肌，而負責伸直腳踝的「腓骨肌」也因而容易變得緊繃、僵硬。

如此一來，小腿肚到腳踝內側的肌耐力就會變差，腳也不再使用靠近大拇指的肌肉。因此，當脛後肌變成偷懶肌，奔跑時就無法牢牢地對地面施加反作用力，同時，把身體的重心放低時也很容易失去平衡，無法按照自己的意思發揮速度和力量。

此外，當腓骨肌過度勞動，腳底的足弓就會下降。因此，當脛後肌變成偷懶肌，腳掌就比較難出力，甚至可能會因為足弓下降而變成

NG 脛後肌的 NG 鍛鍊動作

如果在腳跟離開地板或腳尖反折的狀態下進行，就無法對脛後肌用力，請特別注意。

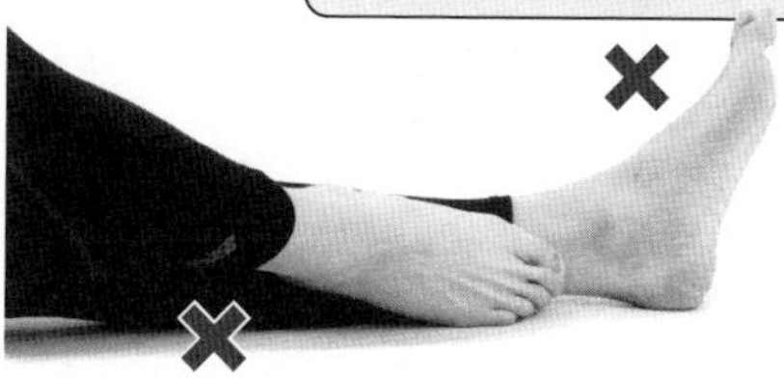

扁平足；一旦出現扁平足的傾向，腳底的肌肉就主要都會被用在外側，這麼一來，也會對生長在靠近腳底的小指那一側的肌肉造成負擔，導致緊繃、僵硬。除此之外，脛後肌一旦偷懶，很容易拇指外翻，為了彌補大拇指那側衰退的肌耐力，靠近小指的肌肉也必須更努力工作才行。

由此可見，只要鍛鍊脛後肌，就能一口氣解決整隻腳的「惡性循環」。為了減輕小指側的肌肉負擔，鍛鍊大拇指側的「大魚際肌群」也很有效。為此，請搭配第四章介紹的「大拇指魚際肌鍛鍊法」一起進行鍛鍊強化。

鍛鍊腓骨肌的神奇效果

改變重心，就能改善運動選手經常會有的高足弓和足底筋膜炎

「腓骨肌」是上一節脛後肌的拮抗肌，位於小腿的外側，從小腿外側的骨頭（腓骨）的上方延伸到腳踝，是從外側支撐腳踝的肌肉。這條肌肉的主要作用，是做出讓腳踝向外扭轉的外旋動作，以及伸直腳踝的蹠屈動作。所以，一旦腓骨肌偷懶，外旋及蹠屈的力道就會變差，幫忙出力的肌肉就會變成勤勞肌。也就是說，會對用於外旋的「伸趾長肌」和用於蹠

腳踝周圍的 效能肌 ❷ 勤勞肌

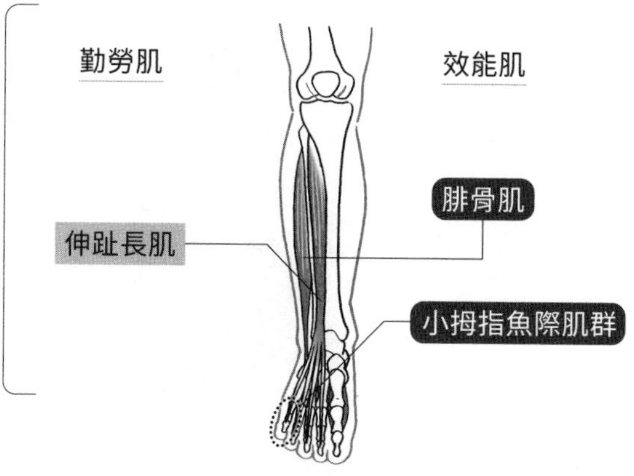

屈的「脛後肌」造成過度的負擔。

這條脛後肌具有提起腳底足弓的作用，因此，當脛後肌變得緊繃、僵硬，腳底的足弓就會變得太高，形成高足弓的狀態，也容易造成腳跟或腳背感到疼痛。不僅如此，就連用於提起四根腳趾的伸趾長肌（不包含大拇指）也會過度勞動，這些腳趾很容易浮起來、翻過來，導致由腳底的肌肉、肌腱構成的足底筋膜（腳底腱膜），被迫處於緊張狀態，而當這個地方從緊繃發展至發炎狀態時，即是許多熱愛運動的人或運動選手身上經常會出現的「足底筋膜炎（腳底腱膜炎）」。

此外，生長在小腿的前側到外側的腓骨肌一旦開始偷懶，腳靠近小指側的肌耐力就會變差，而為了彌補衰退的小指肌力，就必須過度

NG 腓骨肌 的 NG 鍛鍊動作

腳尖如果倒向內側，小腿肚的內側就會用力，這樣是錯誤的。

使用靠近大拇指側的肌耐力，用以支撐腳踝。

如前所述，當身體處於「腓骨肌變成偷懶肌→導致脛後肌緊繃、僵硬→變成高足弓」的狀態，重心就很容易偏向外側，如此一來，就必須用腳底靠近大拇指那一側的肌耐力站穩在地上。

這麼一來，連腳底靠近大拇指的肌肉也很容易變得緊繃、僵硬。所以，請搭配將在第四章介紹的「小拇指魚際肌群」鍛鍊法，強化雙腳靠近小指側的肌肉（小拇指魚際肌群），藉此獲得更強韌、更穩定的腳踝。

在第四章我將為各位介紹，坐在學校或辦公室的椅子也可以進行的「腓骨肌鍛鍊法」。請採取配合時間、地點、場合的方法，養成重點式地鍛鍊腓骨肌的好習慣。

鍛鍊時感到「吃力」或「疼痛」，怎麼辦？

感到「吃力」或真的抽筋時，基本上可能是以下兩種情況。

第一，是對平常沒有在工作的「效能肌」用力，而導致衰弱的肌肉收縮，從而產生吃力或抽筋的反應。這時，其實是確實刺激到效能肌，才會出現這樣的反應，所以不妨休息一下，再繼續鍛鍊。

另一種情況，則是對「勤勞肌」而非效能肌出力，使其收縮，導致勤勞肌感覺到「吃力」。這其實是「沒有採取正確的方法鍛鍊，才會出現的現象」，會進一步導致已經過勞的勤勞肌，更加被過度使用。

至於如何判斷？關鍵在於感覺吃力或真正吃力的地方「是不是鍛鍊的目標部位」。也就是說，如果感覺吃力的肌肉「並不是」鍛鍊的目標部位，就要回頭看第一章和第二章，檢查是否真的鍛鍊到「正確的地方」，然後再重新開始鍛鍊。

至於感覺「疼痛」，也有幾種不同的狀況。

鍛鍊後，如果是要鍛鍊的目標部位，也就是效能肌附近感覺疼痛，那其實是「正確的肌肉痛」。這點跟剛才提到過的感到「吃力」的第一種情況，是一樣的，表示是對平常沒有用到的肌肉出力，才會產生疼痛反應。話雖如此，如果痛得很厲害，也不用勉強，但如果只是普通的肌肉痠痛，疼痛遲早會消退，所以不妨繼續鍛鍊，不用過度擔心。

有時疼痛，代表效能肌被有效刺激了

另一方面，平常關節就會痛的人，或許會感受到「有如針刺」的劇烈疼痛。這可能是因為勤勞肌過度用力，對關節造成太大的壓力，這時，請再次檢查鍛鍊姿勢是否正確。

原則上，利用效能肌鍛鍊法鍛鍊關節周圍「沒有在工作的肌肉」，有助於減輕各種對關節的負擔，改善、消除運動帶來的疼痛。一般而言，即使是過去一直飽受關節痛困擾或因受傷而停止鍛鍊的人，開始從事效能肌鍛鍊法一至兩週後，多半就能減輕疼痛的感覺。

只有因為骨折，身體不能動以及發炎、紅腫很嚴重的時候，稍微動一下就痛得不得了的人，才不能從事效能肌鍛鍊法。換言之，只要沒有上述這些問題，強烈建議各位一面確認自己的身體狀況，持續進行效能肌鍛鍊法，不要因為吃力或痠痛而放棄。

3

跑

維持腰部肌群平衡，
有效提升「跑的能力」

強化腰部、髖關節周圍的肌肉，是提升跑步能力的基礎

為了提升「跑的能力」，首先希望各位實踐腰、髖關節周圍的效能肌鍛鍊法；亦即「鍛鍊髂腰肌」和「鍛鍊多裂肌、腹橫肌」。

這是因為在「跑步」的動作中，為了確實地抬起大腿，髂腰肌的作用至關重要，而多裂肌、腹橫肌則是在抬起的腳接觸地面、再往前邁步的一連串動作中，扮演著極為重要的角色。

應該有不少人都在新聞或報章雜誌上看過關於髂腰肌的重要性。確實沒錯，但也不能像隻無頭蒼蠅似地胡亂鍛鍊髂腰肌。

記得，當我們想要活動某塊肌肉時，一定要有支撐那塊肌肉的肌肉才行，而「跑步時的髂腰肌」便是遵循這樣的運動機制・換言之，想要強化

跑步能力，鍛鍊髂腰肌是最重要的。

此外，活動生長在腰部、髖關節前側的髂腰肌，將「髖關節大力往前帶＝抬起大腿的時候」，也一定會同時活到生長在腰部、髖關節後側的多裂肌，從後側固定、支撐腰、髖關節。同理可證，活動多裂肌或腹橫肌，也就是跑步時讓髖關節往後伸展踢出腳的時候，髂腰肌也必須固定住前側，以支撐腰部、髖關節。因為

想有效提升跑的能力？
請鍛鍊腰部、髖關節周圍的效能肌

是這樣的狀態，腰、髖關節周圍的肌肉才能包含腰、髖關節的功能在內，將我們的跑步本能發揮到淋漓盡致。

若只單方面鍛鍊髂腰肌，反而會使肌力失衡

因此，光是一直強化鍛鍊髂腰肌，只是讓髂腰肌拚了命地努力工作，也沒有太大的意義，甚至反而會讓髂腰肌過於緊張，變得愈來愈硬，引起造成鼠蹊部疼痛的「鼠蹊部疼痛症候群」或髖關節痛、臀部側面疼痛、受傷等現象。

基於上述的理由，在進行效能肌鍛鍊法時，一定要同時鍛鍊「髂腰肌」和「多裂肌、腹橫肌」，者兩組前後側的對稱的肌群。

基本上，只要保持正確的姿勢，就能在這些肌肉都處於柔軟的狀態下，順利地提升肌耐力，肌肉也會變壯。如果無法對多裂肌、腹橫肌正確地用力，甚至感覺做起來很吃力，不妨嘗試下一頁介紹的椅子鍛鍊法。

利用椅子減輕負擔！
多裂肌、腹橫肌的鍛鍊法

如果在地板上鍛鍊覺得很吃力，不妨改做能減輕負擔的「椅子變化版」。坐在椅子上就能做，所以無法直接躺在地上時，也可以在室外或操場旁的階梯、板凳上鍛鍊多裂肌、腹橫肌。

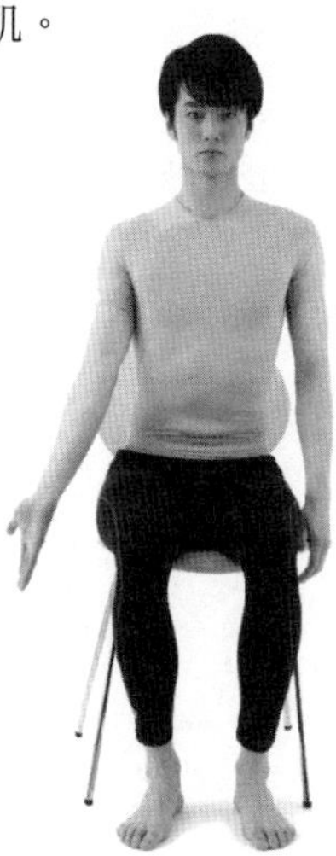

1 右手掌心朝向外側

立起骨盆，坐在椅子上，抬頭挺胸，右手的掌心以順時鐘的方向，轉向外側。

2 提起右邊的臀部，肩膀往下壓

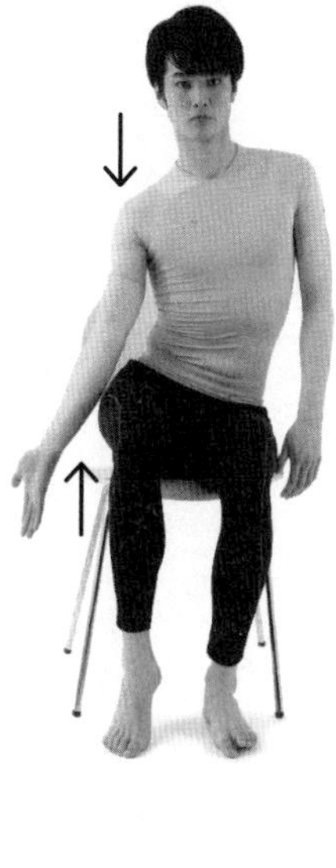

把右側臀部從椅面上抬起來（讓臀部浮起來的感覺），右肩往下壓，腹部的側面至背面用力，停留在此狀態 10 秒。接著換左邊，以相同的方式進行。

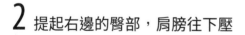

鍛鍊多裂肌，能使跑步時的前後腳轉移更流暢

接下來，再稍微深入一些向各位介紹跑步時，「動作」與「肌肉」之間的關係。

如同前一節所述，提起大腿、把腳伸向前方時，髂腰肌必須確實地運作，但在那之前，髂腰肌還有個成為提升跑力關鍵的瞬間。

各位不妨想像一下走路時右腳的動作。首先，右腳從「前腳狀態」變成「後腳狀態」的過程中，位於腰、髖關節前側的髂腰肌會被用力拉扯。接著，右腳的位置又會從後腳成為前腳，這時髂腰肌扮演重要的角色。

肌肉具有「伸展後反射性收縮」的特性，這種「反射的特性（伸展反射）」現象會在前面提到的「從後腳變成前腳的瞬間」發生在髂腰肌，藉此讓腳迅速地往前踩。因此，一定要積極鍛鍊髂腰肌，尤其對短跑運動員

來說，更是絕對不可或缺的鍛鍊法。

不過，自「往前踩出去的那隻腳的腳跟」接觸到地面的那刻起，髂腰肌就不太需要工作了。為什麼呢？由於提起大腿，往前邁步的動作必須用到髂腰肌，因此只要在右腳的腳跟接觸到地面後＝從「前腳的狀態」變成「後腳的狀態」之間伸展髂腰肌就可以了；這時，多裂肌在這個階段就顯得格外重要。

能快速轉換前後腳，是跑速不減的關鍵

同樣以右腳的動作為例來思考。為了跑快一點，當右腳的腳跟接觸到地面的瞬間，一定要接著把腰部用力地往前帶。至於能不能順利地做出這一連串動作，全部仰賴生長在腰、髖關節後側的多裂肌。而且像這樣用力地把腰部往前帶，也能減少膝蓋的屈伸運動，使重心保持在高位。體重從腳跟接觸到地面的瞬間就流暢地移動到那條腿上，同時把腰部往前帶出去，所以速度不會慢下來，進而實現「善用體重的跑法」。

因此，不論是短跑、中距離、長跑，還是步幅小，頻率快或步幅大的擺動跑法，只要鍛鍊多裂肌、腹橫肌都有助於提升跑步能力。不僅如此，鍛鍊髂腰肌和多裂肌、腹橫肌還能立即提升肌耐力，並保持關節穩定性。

平常就有在運動的人當然不用說，即使是平常沒有運動習慣，「明天要參加小孩的運動會，還得比賽跑……」的人也能感受到明顯的變化，因此，請務必嘗試一下。

真人實證！

無論是哪種跑法或年紀，他們都藉由效能肌鍛鍊法刷新自身記錄

短跑／女性．10多歲

某高中女子排球社，在練習中加入效能肌鍛鍊法，大約一個月後，十六名一～三年級社員五十公尺的平均跑步時間從七．八五秒縮短到七．六八秒。

其中還有從七・四秒縮短為七・〇秒的學生，僅次於田徑社主將的六・九秒紀錄，晉升為全學年第二名！

短跑／男性・10多歲

另外，隸屬於足球社的高中男生則利用效能肌鍛鍊法，改善了髖關節痛，五十公尺短跑的時間從六・三秒縮短為六・〇秒。

長跑／女性・30多歲

此外，全馬也有令人驚訝的結果。某位女性原本要跑三小時四十八分左右，縮短至三小時三十分左右，大幅刷新自己的最佳紀錄。

長跑／女性・30多歲

最後，代表某企業團體參加全馬的女子選手，也不斷地刷新自身紀錄，從兩小時五十五分左右↓兩小時四十八分左右↓兩小時四十六分左右。還得到「改善跑步姿勢」的附加效果。

強化腹橫肌，跑步時呼吸更輕鬆有效率

除了多裂肌，腹橫肌也是讓腰部和軀幹保持穩定的重要肌肉，不僅如此，若要實現「有效率地輕鬆呼吸」，腹橫肌更扮演著舉足輕重的角色。

「呼吸深一點比較好」、「腹式呼吸比較好」可以說是一般大眾的基本常識了，而多裂肌和腹橫肌在這些機制中也扮演著相當重要的角色。

首先，先說明極其簡單的呼吸機制。肺部本身並不是可以自動呼吸的器官，而是由肺部外面的組織構造「胸腔」（由肋骨、胸骨、胸椎構成籃子狀的空間）的容量產生變化來推動呼吸。

此外，胸腔底下的腹部有一個由好幾條肌肉，猶如緊身胸衣般包覆支撐的「腹腔」空間；說得再具體一點，上有橫隔膜、下有骨盆底肌群支撐，後面有多裂肌、旁邊則有腹橫肌支撐。

由此可知，橫隔膜是介於胸廓內部的空間「胸腔」與「腹腔」之間的肌肉，從而形成橫隔膜下降時吸入空氣、橫隔膜上升時吐出空氣（二氧化碳）的結構。

只不過，上述的橫隔膜必須與其他用來支撐腹腔的肌肉同時運作，才能完全地發揮作用。因此，只要以效能肌鍛鍊法確實鍛鍊多裂肌和腹橫肌，就能讓橫隔膜充分地上下移動，進而實現「深呼吸」和「腹式呼吸」。如此一來，與只能處於「淺呼吸」的狀態相比，可以得到非常有效率地排出體內的二氧化碳、將氧氣吸入體內的好處。

尤其是對從事需要持久力的運動或是長跑的人而言，能有效率地輕鬆呼吸將成為非常大的優勢。

破除跑得快必須強化臀大肌的迷思

事實上，不只運動選手，鍛鍊多裂肌、腹橫肌對一般的市民跑者或年紀大了想維持健康而開始慢跑的人來說，也是好處都多多，希望大家都能知道這一點。

特別是平常就認為「想跑快一點的話，髂腰肌非常重要」而開始鍛鍊的人，在加入多裂肌、腹橫肌的鍛鍊之後，應能實際感受到變化。我就經常收到無數向我報告自己因此提升了跑步能力的喜訊。

順帶一提，經常可以聽到「跑者的臀部一定要有肌肉（臀大肌等）」的說法，但其實光鍛鍊臀部的肌肉並不能提升肌耐力。一味地鍛鍊臀大肌，不只無法長出超過自己能生長的肌肉，還可能破壞髖關節的穩定度。

與此相對，只要能讓髂腰肌及多裂肌、腹橫肌好好地發揮作用，就會自然而然地擺出臀部用力的姿勢或動作，臀部也會自然而然地長出臀大肌等肌肉，進而提升肌耐力。同時，還能擴大臀部可生長出肌肉的空間，並搭配重量訓練，就能長出原本感覺「遲遲長不出來」的臀部肌肉。

巧妙融合「拮抗肌」與「協同肌」的正確作法

如同本章一路介紹到現在的說明，為了提升跑步能力，希望各位鍛鍊腰、髖關節周圍的效能肌＝結合「髂腰肌鍛鍊法」與「多裂肌、腹橫肌鍛鍊法」。除此之外，還有第二個推薦方法，不過在介紹之前，請容我稍微岔開話題，針對效能肌進行「更進一步的說明」。因為，我認為了解這部分的內容有助於增加效能肌鍛鍊法的實用性與幹勁。

彎曲、伸直關節的時候，有些肌肉會產生完全相反的作用。舉例來說，彎曲手肘時，雙臂內側的肌肉會收縮、外側的肌肉會放鬆；與此相對，伸直手肘時，雙臂內側的肌肉會放鬆、外側的肌肉會收縮。像這樣產生相反作用的肌肉彼此間的關係稱為「拮抗肌」。

想要全方位提升運動表現，協同作用也很重要

說到這裡，我想應該有很多朋友已經注意到了，效能肌鍛鍊法的鍛鍊對象「支撐一個關節的兩條肌肉」對於其支撐關節的作用，其實就屬於拮抗肌的關係。

例如：在第一章開頭率先介紹到的「前鋸肌」與「菱形肌」在支撐肩胛骨的同時也是會產生相反作用的拮抗肌。由此可見，一個關節要對兩條效能肌和拮抗肌、六個關節要對十二條效能肌和拮抗肌進行鍛鍊。

除此之外，活動關節時會也要同時用到好幾條肌肉；換言之，為了完美做出一個動作，肌肉之間也需要互助合作，而這些肌肉的關係稱之為「協同肌」。因此，刻意鍛鍊這些協同肌也有助於提升運動能力，而且效果非常顯著。

第三章到第八章將分別鎖定一項運動能力，將重點放在如何有效率地提升那項運動能力。因此，在說明的過程中也會適度地加入協同肌的觀點，向各位介紹一定能鍛鍊到效能肌的方法。

強化膝關節，使跑步能力更上一層樓

那麼，哪些肌肉與為了提升跑步能力，而鍛鍊的髂腰肌及多裂肌、腹橫肌形成協同肌的關係呢？答案是：雖為支撐膝蓋的肌肉，卻又很容易偷懶的「膕旁內肌」和「內收肌」。

跑步時，膕旁內肌會與髂腰肌一起工作，尤其是剛開始跑的時候特別認真，讓我們可以快速地往前方移動。這時，當前腳的腳跟著地後，膕旁內肌會馬上稍微彎曲膝蓋，在減輕對膝蓋的負荷上扮演非常重要的角色。

只不過，如同髂腰肌也有相同的問題，當踏出去的腳跟接觸到地面的瞬間，膕旁內肌就不太需要工作了。這是因為膕旁內肌如果繼續工作，會導致膝蓋過度彎曲的緣故；膝蓋一旦彎曲，必然會產生上下運動。

無論是上下運動本身，還是把能量用在上下運動，都會拖慢往前跑的速度，違反快速往前跑的目的。因此，當前腳的腳跟接觸到地面，就應該換「內收肌」工作了。

有意識地鍛鍊內收肌，能避免長跑時疲勞感快速出現

提到一般人對內收肌的印象，無非就只有「內收的動作」，例如：腳往內側移動，但內收肌其實也具有用力地將腳拉向後方的功能。換言之，為了讓「前腳的腳跟著地後，整個腳掌貼住地面～伸展髖關節，把那隻腳往後帶～讓腳跟離開地面」的動作有如行雲流水，內收肌的作用至關重要。

再者，為了讓內收肌能充分地發揮這個作用，在同樣的動作中用力地把腰部往前推的多裂肌也必須一起工作。由此可見，內收肌與多裂肌是協同肌，一定要同時運作才能提升跑步能力。

如果是「比起短跑，更想提升長跑能力」的人，最好盡可能活動到整

個下半身的肌肉，加強協同肌的合作關係。因為長跑會持續對部分肌肉造成負擔，導致最終跑姿一定會跑掉，從脆弱的關節周圍開始感到疲勞，從而使疲勞慢慢地蔓延到全身。

根據我過去的經驗，意識到內收肌的人，似乎比意識到膕旁內肌的人還少。然而，如果內收肌一直處於偷懶狀態，如同第二章所說，會對要彌補內收肌功能的膕旁內肌造成負擔。正因為如此，想要確實跑得更快、擁有更好的跑步能力，不只要鍛鍊膕旁內肌（請參考四十頁），也別忘了要鍛鍊與多裂肌是協同肌的內收肌（請參考四十二頁）。

鍛鍊「前鋸肌」與「菱形肌」強化肩胛骨，提升整體穩定性

為了確實提升整體跑步實力，最後想建議大家鍛鍊肩胛骨周圍的效能肌：「前鋸肌」與「菱形肌」。

或許，有人會覺得不可思議「提升跑步能力，跟肩胛骨有什麼關係？」試想，如果想迅速地邁出腳步，就不能少了迅速地揮動手臂，換言之，「手臂的回轉」與「腳的回轉」具有密不可分的關係。而為了靈活地轉動手臂，就必須鍛鍊肩胛骨周圍的肌肉。

前鋸肌能產生讓肩胛骨向外側打開、讓手臂在前～上的範圍內活動的能力，而菱形肌則具有讓肩胛骨往內側靠攏、讓手臂在下～後的範圍內活動的能力。因此，這兩個肌群，顯然都有助於改善手臂的動作。

為此，只要進行這些鍛鍊，手臂的動作就不會輸給別人，還能提升從前後兩邊支撐肩胛骨的能力，手臂的動作本身也會趨於穩定。

鍛鍊淺層肌肉，無法確實提高肌肉量與肌耐力

事實上，為了改善手臂的動作，許多短跑運動選手會用重量訓練的方式，鍛鍊胸大肌。然而，如同前面提到「髂腰肌及多裂肌、腹橫肌」與「臀大肌等臀部的肌肉」的關係，即使強行鍛鍊屬於淺層肌肉的胸大肌，所能獲得的肌肉量、肌耐力還是有限。

與此相對，還不如先好好地鍛鍊前鋸肌（請參考二十四頁）、菱形肌（請參考二十六頁）等深層肌肉，讓這些肌肉充分地發揮作用，才會使鍛鍊結果顯而易見。

4

跳

腳踝夠柔軟，
「跳的能力」就會好

第一步，鍛鍊「脛後肌」和「腓骨肌」強化腳踝

為了提升跳躍時的「彈跳力（跳躍力）」，鍛鍊腳踝周圍的效能肌：「脛後肌」和「腓骨肌」，非常有效。

以下，將從「力學、物理學上的觀點」與「解剖學、生理學上的觀點」這兩個角度，簡單扼要地說明原因。

首先，先從力學與物理學的觀點說明。跳得很高的動作，並不是從「往上跳」而生，而是由「腳底用力地踩住地板、地面」而生的動作。換言之，只要腳底垂直地踩在地地面上，就能得到「地面反作用力」（floor reaction force）的垂直反饋，從而跳得更高。

無論是跳高或跳遠，都是藉由地面反作用力完成

當然，實際運動中跳起來的動作，是以「助跑→腳底用力地往前方一踩，瞬間停止動作→利用助跑的勢頭跳起來」的流程來跳躍。而這個流程跟我們國中時代在理化課學到的「入射角」、「反射角」是相同的機制。

因此，只要理解上述跳躍機制，就能理解無論

想提升跳的能力？
請鍛鍊腳踝周圍的效能肌

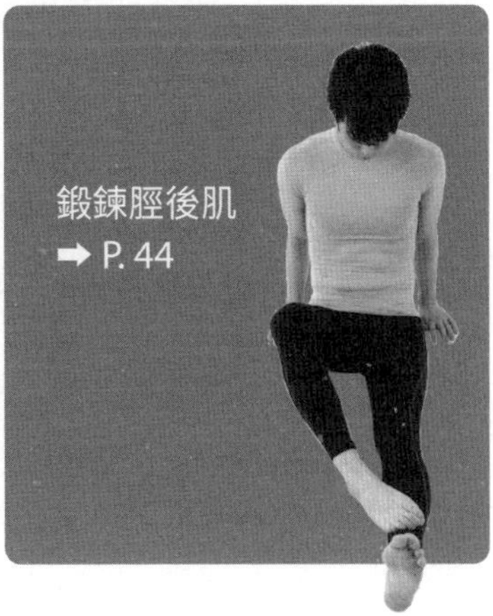

是「高高地往上跳」還是「遠遠地往前跳」基本上都是相同的跳躍機制。也就是說，雖然實際的動作差在「有沒有用到膝蓋」，但其實跳躍機制是一樣的。所以，即便是像跳遠那樣遠遠地往前跳，其實只是因為助跑加強了「前進的力量」，才能跳得遠。原則上，都是藉由地面的反作用力，使我們可以往上或往前跳起來。

總之，提升跳躍力的重點是一樣的。具體而言是腳底用力地踩在地面時：

❶ 腳底盡可能筆直地踩在地上

❷ 牢牢地固定住腳踝，以免踝關節～腳底鬆動

為了實踐這兩點，一定要好好地鍛鍊脛後肌和腓骨肌。因為這些肌肉本來就是從內側及外側支撐腳踝的肌肉，也是用來固定、穩定腳踝，使腳踝動作變得更加順暢的肌肉。

確實善用腳底反彈力，才能跳得更高

接下來，將從解剖學、生理學的觀點說明執行脛後肌和腓骨肌的效能肌鍛鍊法，之所以能有效提升跳躍力的原因。

觀察人類下半身的構造，「大腿的部分」往內側傾斜，「膝蓋以下的部分」與地板垂直。當然，有人是O型腿，有人是X型腿，但基本上都是上述的構造，大同小異。

與地板垂直的「膝蓋以下的部分」是名為脛骨的骨頭。膝蓋到腳踝有兩根長長的骨頭，其中位於內側，比較粗的是脛骨；位於外側，比較細的則是腓骨。另外，與地板垂直的脛骨正下方還有位於內側的踝關節。

因此，當腳掌貼住地面，打算跳起來的時候，「腳底－內側的踝關節－脛骨」從本來應該呈垂直的一直線，轉為能順利跳起來的身體構造。然而，腓骨肌一旦變成偷懶肌，腳底的足弓就很容易往上跑，導致體重容易落在小指側，也就是外側的踝關節上。

這也意味著體重不會落在「腳底－內側的踝關節－脛骨」那條線上；換言之，腳底並沒有垂直地踩在地上。簡單說，就是「當腓骨肌變成偷懶肌，就很難高高地跳起」。

不僅如此，一旦腓骨肌偷懶，將導致體重落在小指側，跳起來的時候就很容易扭到腳踝。

除此之外，經常需要跳躍的運動，如打籃球，由於有很多轉身動作（倒退步、防守滑步、側併步），所以若籃球選手沒有妥善鍛鍊腓骨肌，就非常容易扭傷腳踝。

維持「腓骨肌」和「脛後肌」的平衡，跳起來更輕盈容易

根據我的經驗，幾乎所有習慣性扭傷腳踝的人，其腓骨肌的功能都很

差。因此，若想提高跳躍力，請務必有意識地鍛鍊偷懶的腓骨肌。如果不方便以第一章介紹的方法進行，可以改用下一頁的變化版鍛鍊。

只不過，並不是只要鍛鍊腓骨肌就好了，也別忘了要再加上脛後肌的效能肌鍛鍊法。如前所述，為了做出牢牢地固定住腳踝的動作，用來支撐腳踝的腓骨肌、脛後肌的平衡也很重要，換言之，應該要同時強化腳踝以下的整隻腳。

如此一來，身體才能好好地承受來自地面的反作用力，進而改變跳躍的高度、距離、品質。

我指導過的排球選手也經常提出不只跳得更高，「停留在空中的時間變長了」、「感覺自己浮在半空中」的反饋。同樣的身體變化感受，不只出現在籃球、手球、古典芭蕾等「需要跳躍」的運動，就連沒什麼機會跳躍的運動，應該也能充分感受到有如踢足球時用頭頂球的輕盈感。

利用椅子減輕負擔！

腓骨肌鍛鍊法

如果坐在地板上不好鍛鍊，無法對腓骨肌用力的話，不妨坐在椅子上，在固定住膝蓋的狀態下進行，以減輕負荷。鍛鍊時容易抽筋的人請坐在椅子上，以這種方式進行（下圖為鍛鍊右側的腓骨肌）。

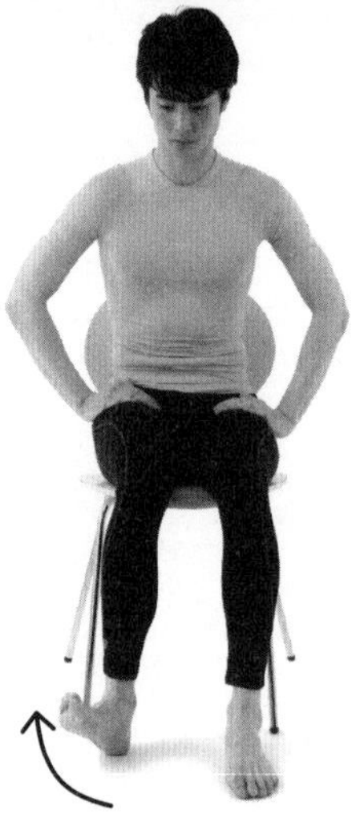

1 伸直右腳腳尖，向外側抬起

骨盆立起，坐在椅子上，抬頭挺胸，右腳的膝蓋以下稍微往前伸，膝蓋則稍微朝向內側，伸直腳尖，向外側抬起。

2 腳尖倒向外側，用大拇指壓住地板

不要讓膝蓋的位置跑掉，伸直腳踝，腳尖朝向外側，貼在地板上，停留在大拇指壓住地板的狀態 10 秒。再換腳，以相同方式進行。

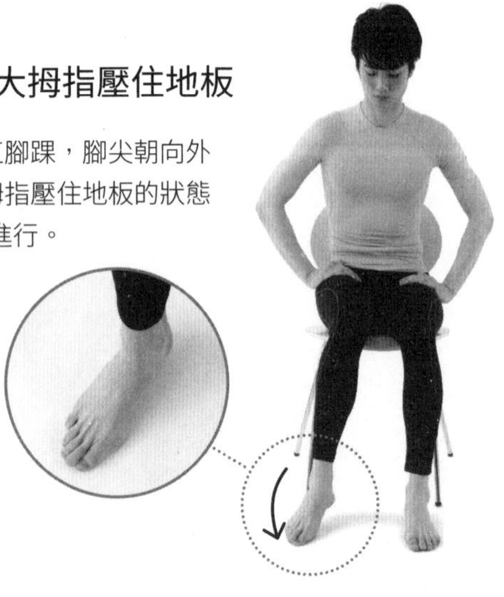

大拇指請放在順著小腿線條的正下方。

真人實證！

不僅跳更高，落地時身體也不會搖晃，整體表現更完美

我曾協助過高中女子排球社進行體能訓練，這些選手們也經由效能肌鍛鍊法，有效地提升了跳躍能力。

排球／女性．10多歲

某位選手只花了兩週左右的時間，就跳得比以前高十公分以上，據本人所說：「扣殺時看到『對方球場的景色』跟以前不一樣了。」至於其他選手，其垂直跳的成績也從不到四十五公分提升到五十公分左右。

不僅如此，因為扭到被整形外科診斷為韌帶斷裂的選手，在不會疼痛的範圍內持續鍛鍊大拇指魚際肌、小拇指魚際肌及腳踝、膝蓋周圍的效能肌，十天之後居然恢復到可以正常走路的狀態。

體操／女性・10多歲

原本有脊椎側彎（脊椎骨不正，往左右兩邊彎曲的毛病）的彈翻床選手，一直為著地時身體斜向側面的問題所苦，在練習菜單裡加入效能肌鍛鍊法後，不止解決了這個問題，跳躍時也能確實垂直地往上跳了。

為什麼提升左右移動的靈活度，很重要？

前一篇提到的「轉身動作」，主要是指靈活地往旁邊移動，但兩腳不交叉的動作。嚴格來說，這種動作或許稱不上跳躍，但如同籃球術語中提到的「倒退步」，經常是要跳起來的競技運動中頻繁出現的動作。此外，即使是不需要經常跳起來的競技或運動，若能使「側併步」的動作更加流暢，也絕對有助於提升整體的運動表現水準。

然而，想要擁有高水準的「倒退步」或「側併步」，沒有穩固的腳踝～腳底是無法做到的，為此，在這裡的說明，一定不能跳過這部分。

如同先前所述，腓骨肌一旦變成偷懶肌，腳底的足弓就很容易往上跑，導致體重容易落在小指側。當我們處於這種狀態時，不僅跳不高，轉身也會變得卡卡的。

舉個例子，假設自己正要向左轉好了。這時因為體重落在左腳的小指側，表示只要順利地往體重的方向移動即可，不會出現任何問題。然而，如果另一邊的右腳也有高足弓的問題，體重落在小指側，當我們要往左邊移動時，身體就會像自動踩煞車一樣，導致速度明顯地慢下來。

為什麼會這樣呢？是因為右腳的腳底從只有小指側＝右側貼著地面的狀態，重心先落在正中央，再移動到左側，然後才能轉到左邊。正常的狀況，是腳踝～腳底的肌耐力是平衡狀態，所以只要一個動作就能靈活地移動，如今卻得刻意分成「一、二」等兩個動作才能移動。

橫移速度和轉身流暢度，是球類競賽的致勝關鍵

除了從靜止的狀態往旁邊移動的動作之外，邊前進邊突然往旁邊小跳步的動作，也是相同的機制。因此所有的競技、運動比賽需要進攻，例如籃球，做假動作時就會無可避免地慢半拍，而在防守時又會跟不上對手的

假動作，從而輕易被拋在腦後。

讀到這裡，或許也有人會產生「可是只要用力踩住右腳的小指側，往左移動不就好了嗎」的想法。但這也不是辦不到。為什麼呢？因為如果在腳底處於高足弓的狀態下，強行一再重複這樣的動作，腳踝～腳底很快就會感到疲勞，遲早會落得扭傷腳踝的下場。

還有一種正好相反的情況，亦即脛後肌一旦變成偷懶肌，往旁邊移動的動作也會變慢。

這次會出現低足弓（扁平足）的傾向，體重很容易落在靠近大拇指的那一側。這麼一來，如果像是前面的例子，打算轉向自己的左側時，右腳的腳底只要一個動作就能移動，左腳的腳底卻需要兩個動作才能移動。由此可見，還是得同時鍛鍊腓骨肌和脛後肌才行。

此外，為了提升截至目前提到過的腳踝～腳底的功能，最好同時鍛鍊大拇指魚際肌和小拇指魚際肌的效能肌。

大拇指魚際肌和脛後肌、小拇指魚際肌和腓骨肌的關係十分密切。加上下一頁的鍛鍊法一起進行，就能以相乘效果使運動表現更上一層樓。

提升「腳」運動能力的鍛鍊法

鍛鍊腳趾的效能肌 ❶
大拇指魚際肌

1 坐在地上，腳跟貼地，腳尖朝向內側

坐在地上，雙手置於身後的地板上，用以支撐上半身的重量。彎曲右膝立起，腳跟貼地，腳尖朝向內側；左腳放鬆。

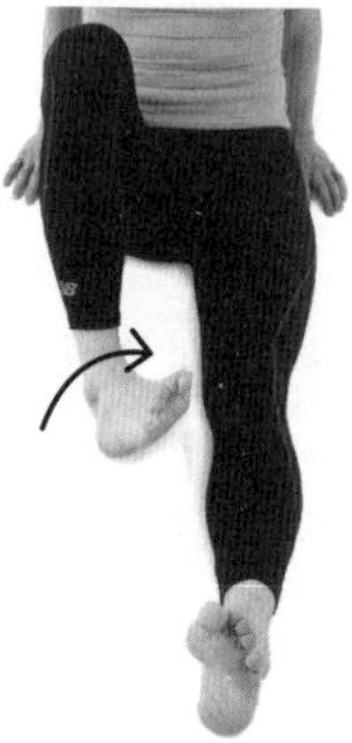

2 腳踝的角度不要跑掉，用腳趾「握拳」

膝蓋、腳跟、腳踝的角度不要跑掉，對腳底的大拇指、食指下方使勁用力，讓腳趾保持在「握拳」狀態，停留 10 秒。

想提升腳踝或腳趾的功能，藉此得到更高「彈跳力」的人，可以再多加一項鍛鍊法。下圖以鍛鍊右側為例。做完一側要換邊，繼續鍛鍊另一邊，對提升「跑」、「踢」的能力也有加分效果。

鍛鍊腳趾的效能肌 ❷

小拇指魚際肌

1 坐在地上，一邊的膝蓋向內側豎起，腳尖朝向外側

坐在地上，雙手置於身後的地板上，用以支撐上半身的重量。彎曲右膝立起，稍微朝向內側，腳尖則朝向外側抬起；左腳放鬆。

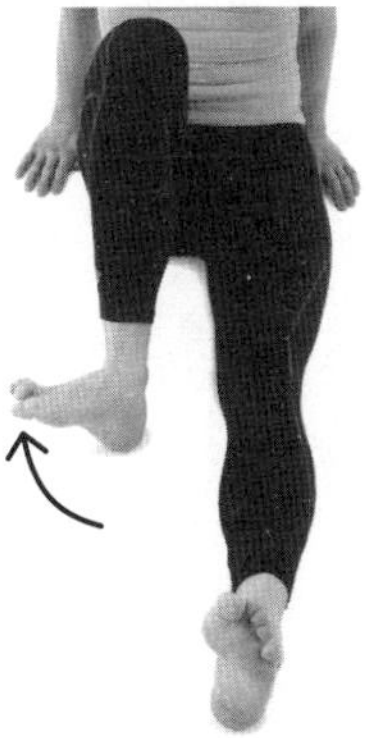

2 腳踝的角度不要跑掉，用腳趾「握拳」

膝蓋、腳跟、腳踝的角度不要跑掉，對腳底的小指、無名指下方使勁用力，讓腳趾保持在「握拳」狀態，停留 10 秒。

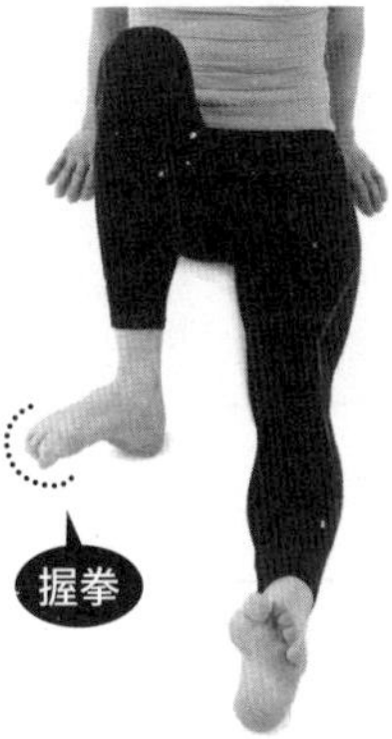

僅次於腳踝的重點，是強化膝關節的鍛鍊

若想更有效率地提升跳的能力，建議各位再加上一項效能肌鍛鍊法，亦即鍛鍊膝蓋周圍的「膕旁內肌」和「內收肌」。

截至目前為止，本章為各位說明了強化腳踝～腳底的重要性，像是體力測驗中經常會做的垂直跳或打排球的攔網等，總之要從靜止的狀態往垂直方向高高跳起時，彎曲膝蓋以增加勢頭是極其自然的動作。另外，像是跳遠或想往前方跳出較遠的距離時，用力蹬起的時候必須要牢牢地固定住腳踝，膝蓋不要彎曲，保持「棒」狀，才能充分產生往前的推進力。

由此可見，無論如何「使用膝蓋的方法」都將成為重點，可見膝蓋周圍的肌肉無疑會成為繼腳踝～腳底之後，應該要繼續加強鍛鍊的效能肌。

為此，只要同時鍛鍊好膕旁內肌和內收肌，就能有效率地彎曲、伸直、固定膝蓋。

鍛鍊「膕旁內肌」和「內收肌」，能降低受傷機會

事實上，此舉也能有效預防、改善經常需要做出大量跳躍動作的運動選手，很容易產生的毛病，如：膝關節腱鞘炎、膝蓋肌腱炎、伸展肌肌腱炎、股四頭肌肌腱炎等。

當膝蓋頻繁地進行屈伸動作，疼痛會從膝蓋骨的中心往上下兩邊蔓延開來。這就是膝關節腱鞘炎的症狀，原因出在大腿的股四頭肌中長在前面正中央的肌肉（股直肌）的肌腱及連結膝蓋骨與脛骨的韌帶緊繃、僵硬，導致功能衰退，引起發炎的症狀。

這也是造成股直肌變成勤勞肌的原因。正因為如此，更需要鍛鍊膕旁內肌（請參考四十頁）和內收肌（請參考四十二頁）。

5

踢

膝蓋夠強健
就能提升「踢的能力」

首先，鍛鍊「膕旁內肌」和「內收肌」以強化膝蓋

提到提升踢的能力＝踢力的表現，通常會立刻聯想到足球、室內五人制足球、沙灘足球、橄欖球等踢球場景，但除此之外，格鬥技方面的競技、運動也經常會有踢的動作。接下來的內容將以踢球為前提進行說明，但其實對於「格鬥技方面的競技、運動」來說，也是非常有助益的內容。

確實把力量放在球心，就能踢出有力的球

為了實現「想踢得更有力」的願望，我推薦的具體鍛鍊法是鍛鍊膝蓋周圍的效能肌＝鍛鍊膕旁內肌和鍛鍊內收肌。

想踢出強勁的球，重點是讓來自揮動腳產生的力量百分之百地放在

球上（傳到球上）；而為了更有力、更穩定地揮動腳，鍛鍊腰部、髖關節周圍的效能肌：「髂腰肌」和「多裂肌、腹橫肌」，也非常有效；關於這點後面會再詳細說明。

只不過，我們經常會忽略一個與踢的動作息息相關的部位，那就是「膝關節的動作與穩定性」。

為此，要先針對膕旁內肌和內收肌為各位做說明。

想提升踢的能力？
請鍛鍊膝蓋周圍的效能肌

該如何鍛鍊才能像足球明星C羅一樣，踢出子彈般的球？

記得，用力踢出球的瞬間，必須伸直膝蓋。尤其，是用腳背踢球的時候，從腳接觸到球的那一刻之前到腳碰到球，像揮棒似地把球踢出去為止，必須以伸直、固定住膝蓋的感覺來踢，才能踢出強而有力的球。

葡萄牙足球明星克里斯蒂亞諾・羅納度（Cristiano Ronaldo）這種力量系選手射門的瞬間，就是最淺顯易懂的例子。如果是仔細觀察過他踢球的人，腦海中肯定會浮現出踢自由球時有如「子彈」般的射門；同意我舉的例子吧！

而為了伸直膝蓋，主要用到的肌肉是大腿的「股四頭肌」，但股四頭肌並不是單獨運作，如果想充分地發揮功能，必須經過一定的程序。

話說回來，股四頭肌其實是長在大腿前面的四條肌肉的總稱，正確地說，應該是由股直肌、股內側肌、股外側肌、股中間肌構成。

在伸直膝蓋的動作中，仔細觀察這四條肌肉的動作，可以發現膝蓋剛剛要伸直時，是股直肌先強力運作，最後當膝蓋完全伸直，變成「彷彿鎖定的狀態」時，則是股內側肌強力運作。

而這條股內側肌有個特色，必須隨著內收肌的運作才能充分地發揮作用。這是因為股內側肌和內收肌（尤其是構成內收肌的大內收肌），無論是物理上或功能上，彼此都息息相關。

正因為如此，復健的現場也有一套「鍛鍊股四頭肌的股內側肌時，要跟內收肌一起鍛鍊」的邏輯。

換句話說，若想踢出強而力的球，絕不能讓在伸直膝蓋的同時具有輔助功能的內收肌，變成偷懶肌。因此，請有意識地積極鍛鍊內收肌。

把平衡球夾在膝蓋間用力擠壓，無法鍛鍊內收肌

提到內收肌，一般人都會顧名思義地認為內收肌是髖關節向內轉（腳往內側靠攏）時用到的肌肉，與膝蓋沒有太大關係。實際上，絕非如此。一旦內收肌衰退，就無法伸直膝蓋；而若一直放著不管、置之不理，膝蓋就會愈來愈歪。與此相對，只要好好地鍛鍊內收肌，膝蓋就會明顯地伸直，可見內收肌對於伸直膝蓋有很大的影響。

另外，為了鍛鍊內收肌，坊間流行著一個說法：「把平衡球夾在膝蓋間用力擠壓的動作很有幫助」，但這樣其實完全鍛鍊不到內收肌。

鍛鍊內收肌時，如果不把髖關節往後拉，就無法刺激到肌肉。因此，如果想徹底重點式地鍛鍊內收肌，請採取內收肌的效能肌鍛鍊法。當然，這時要連同另一個膝蓋周圍的效能肌鍛鍊法＝鍛鍊膕旁內肌一起進行。

如果難以執行第一章介紹的方法，可以嘗試一三七頁介紹的坐在椅上的變化版鍛鍊。

為什麼膕旁內肌也要一併鍛鍊呢？因為在踢的動作中，鍛鍊膕旁內肌

對於提升作為軸心的那條腿的表現，也十分有效。

站在球旁邊時，作為軸心那條腿的膝蓋會處於稍微彎曲的狀態。從這個狀態到另一條腿把球踢出去為止，必須保持在膝蓋稍微彎曲的狀態，而膕旁內肌正是與這一連串動作及穩定性息息相關的肌肉。

這時，如果膕旁內肌不工作，變成偷懶肌，就只能靠股直肌工作來彌補前述的膝蓋動作，作為軸心的那條腿可能無法使出全力，甚至導致膝蓋疼痛。跑跳選手經常出現的「奧斯古－謝拉德症」（Osgood-Schlatter Disease）等膝蓋前面的疼痛，主要就是因為股直股承受了太大的負擔。

關於膝蓋彎曲、伸直與膕旁內肌的關係，乃至於傷害膝蓋的可能性，在第四章的最後也提到過，不妨參考一下。

利用椅子減輕負擔！
膕旁內肌的鍛鍊法

如果坐在地上不好鍛鍊，無法正確地對膕旁內肌用力的話，不妨坐在椅上以減輕負荷。由於是以坐在椅子上的狀態進行，在公司或學校裡坐在辦公桌或課桌前的時候，或比賽前都可以在板凳上鍛鍊（下圖為鍛鍊右側的膕旁內肌）。

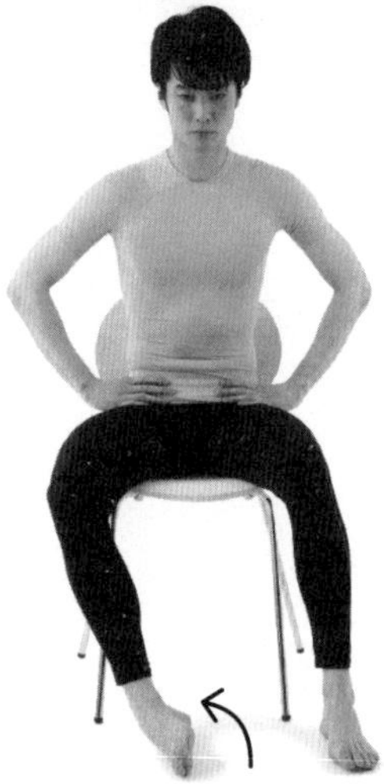

1 伸直右腳腳尖，腳底朝向側面

骨盆立起坐在椅上，抬頭挺胸，伸直右腳腳尖，朝向正面～上方，腳底朝向側面。

2 提起腳尖，舉到椅子的下方

右腳的膝蓋以下，朝自己的方向彎曲，保持在對大腿內側、後側用力的狀態，停留 10 秒。再換腳，以相同方式進行。

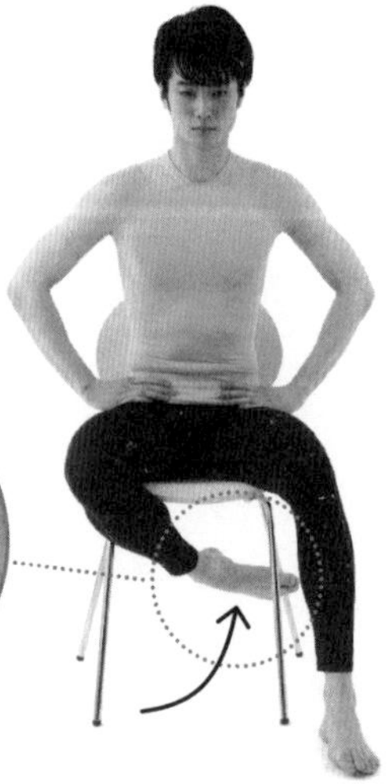

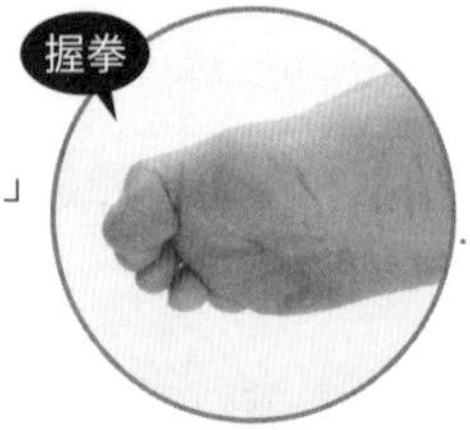

腳趾擺出「握拳」的形狀。

如何提升腳內側踢球的力道與準度？

前面主要是以用「腳背踢球」的概念說明。但實際上，踢足球時也會經常會用到以腳內側踢球的技巧，因此，以下也為各位說明有助於提升這種踢力的內容。

想用腳內側踢球，必須要做出「在打開髖關節的狀態下把球往前踢」的動作，但從髖關節～整條腿的動作來看這個動作，其實相當於往內收的動作。

再次重申，髖關節往內收是從正常站立的狀態＝腳尖筆直朝向前方的狀態將腳轉向內側的動作。而用腳內側踢球的時候，腳尖是朝向外側，所以腳往前伸的動作就相當於內收。

由此可知，想提升用腳內側踢球的力道與準度，關鍵就在於內收肌的動作是否流暢。一般而言，用腳內側踢球的時候也要用到髂腰肌，而髂腰肌是用以支撐腰、髖關節的肌肉。

一旦內收肌偷懶，髂腰肌會代償造成傷害

不過，要是過於依賴髂腰肌，會持續對髂腰肌造成太大的負擔，很容易導致緊繃、僵硬，可能還會引起在鼠蹊部、髖關節周圍出現疼痛的鼠蹊部疼痛症候群等毛病。

因此我認為之所以會有很多足球選手罹患鼠蹊部疼痛症候群，是因為他們在內收肌偷懶的狀態下一直對髂腰肌施加負擔。換個說法，只要利用效能肌鍛鍊法讓內收肌充分發揮作用，不只能預防、改善鼠蹊部疼痛症候群，還能提升足球上的表現。

順帶一提，內收肌對於「用腳外側踢球」，也扮演著不可或缺的角色。內收肌的機能一旦變差，用來踢球的那條腿就難以朝向內側，也比較

不容易穩持穩定，因此踢球的準度會變差。

至於作為軸心的那條腿，則跟用腳背踢球的時候一樣，無論是用腳的內側還是外側踢球，都必須強化膕旁內肌。換言之，從結論來說，無論用哪一種方法踢球，鍛鍊內收肌和膕旁內肌都非常重要。

真人實證！

他們都大幅提升了踢的力道與速度

根據我的經驗，大部分「雖然受傷還是想表現得更好」的人，只要加入效能肌鍛鍊法，成果就會有顯著的提升。

足球／男性・10多歲

舉例來說，有個因為髖關節和膝蓋痛而無法射門的高中二年級足球社男生。他在這麼糟糕的狀態下，默默地從事效能肌鍛鍊法，兩個月之後不僅成功回到球場，而且還眉開眼笑地向我報告：「射門的實力比以前更好了。」

足球／男性・10多歲

另一位高中男生則是右腳的前十字韌帶受傷，沒有接受手術，而是以保守治療方式來觀察恢復狀況。他也因為加入了效能肌鍛鍊法，約兩個月後又重回球場。此外，因為他是左撇子，所以由受過傷的右腳當軸心，聽說右腳比以前更強而有力。

格鬥技／男性・10多歲

某位格鬥技、空手道、綜合格鬥技選手，曾為踢的速度雖然快。但力道不足而煩惱不已。但在鍥而不捨地鍛鍊效能肌後，他踢的力氣強化到連平常當他練習對象的選手，也大吃一驚，速度更是有長足進步，令他非常開心。

順帶一提，這位選手在這段期間都沒有進行重量訓練，僅進行了效能肌鍛鍊。事實上，很多人在做了重量訓練後雖然力氣變大，可是速度也變慢了；反觀效能肌鍛鍊法，對提升力道與速度都非常有效。

僅次於膝蓋的重點，是強化腰部、髖關節的鍛鍊

前面提到，用腳內側踢球時最好不要過度依賴髂腰肌，之所以會有這層次考量，也是顧及到足球這項運動本身具有「要長時間一直跑」的特徵。

當然，也依位置或比賽狀況而異，例如：當頂尖的足球隊員參加一整場的比賽，整場加起來的跑步距離將近八～十公里；其中，還要進行好幾次短距離的全力衝刺，更不用說，踢球的動作則是重複無數次。

如同在第三章詳細說過的，跑步的時候本來就會一直用到髂腰肌，因此如果就連踢球的時候也全仰賴髂腰肌，對髂腰肌的負擔來說，未免也太大了。

為此，這時最好努力提升支撐腰部、髖關節的其他肌肉、多裂肌及腹

橫肌的功能。

強化腰部周圍肌肉，能使踢球時的軸心腳更為穩定

如同前面說過的，鍛鍊多裂肌有助於提升跑的能力。說的更具體一點，鍛鍊多裂肌有助於作為軸心的那條腿踩在地上的瞬間，便於把腰部往前推出去，利用體重與腳的動作把球踢出去，進而產生強勁的踢球力道。

與此同時，也不能忽略腹橫肌的動作。腹橫肌具有把骨盆往上拉提的功能，所以當作為軸心的那條腿接觸到地面後，就能產生一口氣把身體拉過去的力道。

因此，假設是用右腳踢球，採取以下的作法就能實現理想的「軸心腳」運動：

● 利用多裂肌的功能，在作為軸心的左腳踩到地面的瞬間，把腰部往前推出去。

➡

● 下一刻，再利用腹橫肌的功能徹底地讓體重移動到作為軸心的左腳上。

此外，從整個腰部的狀態來說，多裂肌、腹橫肌一旦偷懶，踢球的時候會沒有自信，反之，只要多裂肌、腹橫肌好好工作就不會沒有信心，有助於提升整體踢的能力。

鍛鍊這裡，不僅可以立刻轉身做假動作，還能頂出很高的球

想要更進一步提升踢的能力，強化腳踝周圍的效能肌鍛鍊法：「脛後肌」（請參考四十四頁）與「腓骨肌」（請參考四十六頁）也很有效。主要有以下兩個原因：

第一個原因是藉由讓這些肌肉取得平衡，踢球時就能牢牢地固定住腳踝。無論採取哪一種踢法，如果腳踝軟弱無力，踢出去的力量當然就不強。除了踢靜止的球，想像一下直接踢回朝自己飛來的球時候的情況，應該也不難理解。

第二個原因，則是如此一來也能讓腳踝隨心所欲地活動，配合狀況做出最理想的反應。依照第一時間的判斷，擴大球與腳接觸的面積，以提高

傳球的準確度。換言之，光靠腳踝的動作就能立刻轉身做出假動作，一旦諸如此類的動作能做得更流暢、騙到對手時，應該都能比以前表現得更好，獲得更好的球賽成績。

除此之外，雖然與踢球沒有直接的關係，但提升腳踝的動作、固定的能力也能讓踢足球時經常會有的「轉身的動作（用腳外側踢球）」及「頂球時跳起來的動作」變好。

這部分的內容在第四章已有詳細說明，請各位務必拿來一併參考。

全身保持在平衡狀態，踢球更有力

最後再舉一個有助於提升踢球表現的效能肌鍛鍊法，無非是鍛鍊肩胛骨周圍的效能肌：「前鋸肌」（請參考二十四頁）和「菱形肌」（請參考二十六頁）。

只要鍛鍊這些肌肉，就能提升作為軸心的那隻腳踩在球旁邊～踢出去的瞬間為止的穩定性。為什麼呢？想必理由已經不用我再贅述了，因為全身保持平衡，也是提升踢球能力的關鍵。

以踢的動作為例，假設以左腳為軸心，用右腳踢球時，先是軸心腳的那一側＝左側上半身的肩胛骨往前頂出去，然後才是下半身的腰及髖關節跟著伸出去。

因此，先讓肩胛骨的動作變得更加順暢，使身體保持在更穩定的狀態，再加入踢的動作，才能表現得更好。

6

投

肩膀肌肉夠安定
就能提升「投的能力」

強化肩關節是重點！請先鍛鍊「肩胛下肌」和「肱三頭肌」

為了提高投球的「投的能力」，希望各位第一步先鍛鍊肩膀周圍的效能肌：「肩胛下肌」和「肱三頭肌」。如果想得到更顯著的效果，建議可以再搭配肩胛骨周圍「前鋸肌」（請參考二十四頁）和「菱形肌」（請參考二十六頁）的效能肌鍛鍊法。

這是因為肩胛下肌和前鋸肌、肱三頭肌和菱形肌是協同肌，是做出投擲動作時一起運作的肌肉。因此，只要鍛鍊這些肌肉就能大幅度提升投的能力，也是讓表現更亮眼的最佳練習菜單。

如欲提升投的能力，請先把重點放在肩膀周圍的動作是「轉動肩關節的動作」而非「提起重物時那種單純的動作」。

如果肩膀的動作那麼單純，那麼只要鍛鍊包覆整個肩膀的三角肌等淺層肌肉就行了，問題是，一旦牽涉到肩關節的扭轉，就必須鍛鍊肩胛下肌等深層肌肉。

肩胛下肌負責支撐肩關節的前側，是伴隨著投球的動作「肩膀往內側（前側）扭轉的動作」和「手臂上下揮舞的動作」時會用到的肌肉。因此，想必各位一定不難理解鍛鍊這些肌肉的必要性。反

想提升投的能力？
請鍛鍊肩膀周圍的效能肌

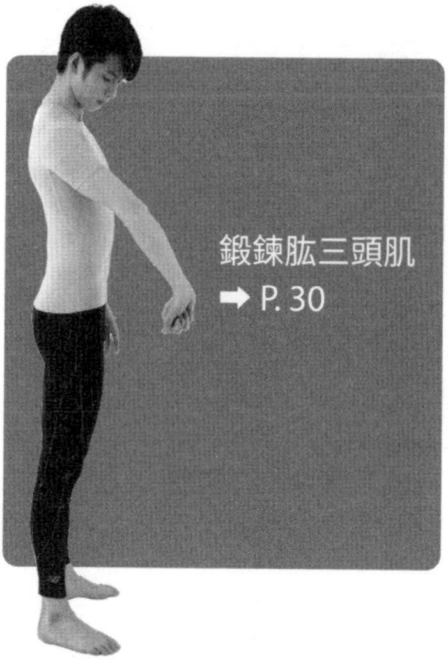

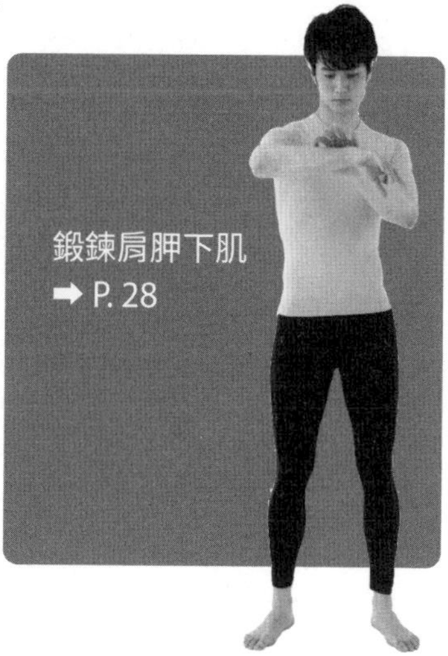

之，一般認為生長在肩關節後側的棘下肌和小圓肌，則是負責做出「肩膀往外側（後側）扭轉的動作」的肌肉。而這些肌肉確實具有這些功能。

然而，這裡一定要特別注意到一點。這些肌肉非常容易變硬，所以如果過度操勞，很容易引發功能衰退或疼痛等困擾。

幸好，肱三頭肌可以解決這個問題。

別讓「肱三頭肌」偷懶，其對於強化投球表現非常關鍵

即使研究再多與肌肉有關的書，關於肱三頭肌的功能也只有提到「伸直手肘」、「肩膀向後伸展」的作用。然而實際上，肱三頭肌還有把肩膀往外側（後側）扭轉的作用，以及支撐著肩關節的後側；這是我發現的事實，絕不能視而不見。

事實上，採取肱三頭肌的效能肌鍛鍊法（請參考三十頁）之後，任誰都能感受到變化。以正確的姿勢將手臂～肩膀確實地轉向外側，應該更能感受到肱三頭肌的部位有在用力。

為此，不要讓肱三頭肌偷懶，只要它發揮其應有的功能，就能減輕對棘下肌、小圓肌的負擔，還能讓這些肌肉分工合作得更加順利，「肩膀往外側（後側）扭轉的動作」和「手臂用力往上舉的動作」也都能做得行雲流水。

另一方面，只要同時鍛鍊在前面支撐肩膀的肩胛下肌、在後面支撐肩膀的肱三頭肌就能擴大肩膀的可動範圍。

假如想投出時速一〇〇公里的球，就必須以時速一〇〇公里以上的速度，揮動重約三公斤的手臂，因此鍛鍊這些肌肉有助於提升肩關節承受這些負荷的耐力。總的來說，採取肱三頭肌的效能肌鍛鍊法後，除了可以增加球速外，也能降低肩膀周圍受傷的風險，甚至幫助投手延長投球局數。

鍛鍊容易偷懶的「前鋸肌」和「菱形肌」，能同時強化肩胛骨與肩膀

投球時大幅活動肩膀～手臂的行為，是肩關節與肩胛骨的「共同作業」，會對彼此帶來極大的影響。

舉例來說，如果要把手垂直地舉起一八〇度，肩關節只要轉動一二〇度、肩胛骨上升六十度就能完成這個動作。可想而知，這個動作不只要動到肩膀周圍，也不能缺少鍛鍊肩胛骨周圍的效能肌。再繼續挖掘投球動作與肩胛骨的關係，應該就能確信必須同時鍛鍊前鋸肌、菱形肌的效能肌。

這時先什麼都不要想，請試著高舉雙手，擺出「萬歲」的姿勢。如此一來，應該能發現你的肩膀～手臂會移到比身體的側面稍微再往前一點的位置。

為什麼會這樣呢？是因為「基本上肩關節只會在『肩胛骨製造出來的角度』內活動」的機制。

兩邊的肩胛骨都斜斜地落在肩膀前方約三十五度的地方。因此當你不以為意地高舉雙手、擺出萬歲的姿勢時，肩膀～手臂會在肩胛骨製造出來的角度內往斜前方活動。只是如此一來，手臂無法舉到比上述的斜角（肩胛骨那條線）更後面的地方，手臂也無法大幅度地揮動。

那麼到底該怎麼做才好呢？只要用力地「把肩胛骨往內靠攏」即可。

提高肩胛骨的可動範圍，能進一步提高球速

當肩胛骨往脊椎骨的方向靠攏，就能改變肩胛骨那條傾斜的角度，擴大肩膀～手臂的可動範圍。換句話說，光是擴大肩膀～手臂的可動範圍，就能大幅度地揮動手臂。相反地，只要能把肩胛骨用力地往外扳，同樣也能擴大手臂往下甩的範圍。

同理可證，肩胛骨的動作也會直接影響到活動手臂的範圍。由於能否

大幅度地揮動手臂，是提升球速的重要條件，因此一旦能提高肩胛骨的可動範圍，就能進一步提升投球表現。

總的來說：鍛鍊從後面支撐肩胛骨的菱形肌，可以培養肩胛骨向內靠攏的能力；鍛鍊從前面支撐肩胛骨的前鋸肌，則可以培養肩胛骨向內側活動的能力。

此外，如果肩胛骨的動作不流暢，投球時就無法高舉手肘，整隻手臂的位置會變低，形成扭轉手臂的投球方式，造成投球的高度和位置都會跑掉，提高暴投的可能性。不僅如此，也會對肩膀及手肘造成太大的負擔，甚至是造成棒球肩或棒球肘的原因。

為了防止這樣的狀況發生，鍛鍊菱形肌及前鋸肌的效能肌非常有效。請務必積極地鍛鍊。

想投出尾勁強的直球和變化球，該鍛鍊哪裡？

非常簡單，只要直接在投球手，執行鍛鍊手腕的效能肌鍛鍊法就行了；尤其是強化「橈側屈腕肌」的鍛鍊法一定要做（請參考三十二頁）。

這條肌肉除了具有對大拇指用力的作用，還具有讓掌心朝下的功能。因此，如果想加快傳球的速度、提升直球的威力，鍛鍊效能肌是再適合不過的方法。

事實上，積極實踐這種鍛鍊法的選手們，都紛紛給予我「轉速變快了」、「投球變得筆直又凌厲」、「可以用直球決勝負了」、「能投出所謂的變化球了」之類的迴響。

不僅如此，只要搭配下一頁的鍛鍊法，鍛鍊在掌心的大拇指下方隆起

提升「手」運動能力的鍛鍊法

鍛鍊手指的效能肌 ❶
大拇指魚際肌

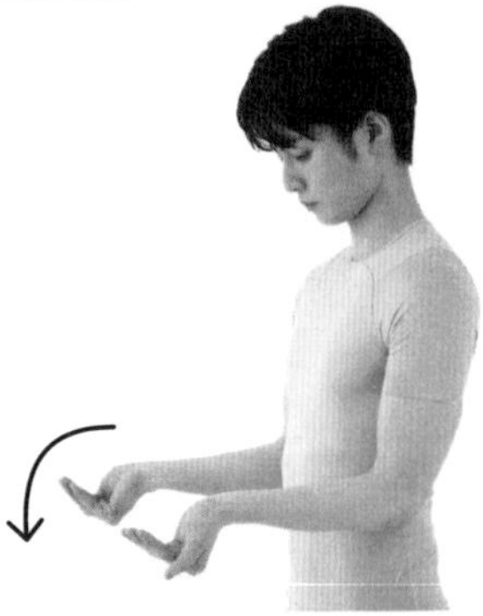

1 腋下夾緊，雙手「握拳」

夾緊腋下，雙手伸向身體前方，掌心朝上，彎曲手腕。

2 手腕朝正下方彎曲

注意第一關節不要彎曲，雙手「握拳」。對大拇指、食指、中指用力，保持在此狀態 10 秒。

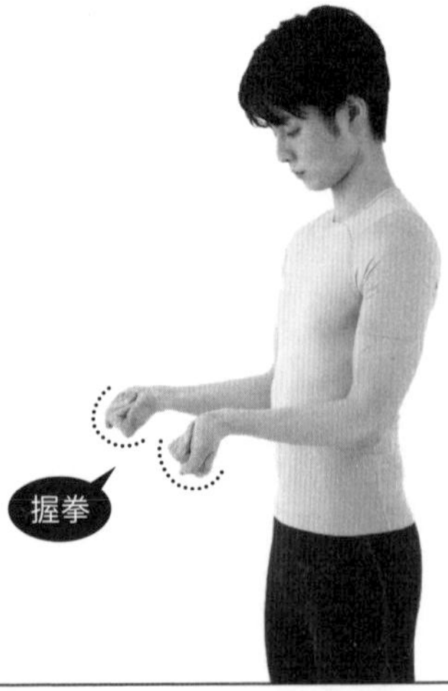

以下的鍛鍊法可以讓想要得到更快、更強的「投力」與握力的人，獲得非常好的效果。進行時，注意是要伸直食指～小指的第一關節、彎曲第二關節，至於大拇指則是按住食指的第二關節，擺出正確的「握拳」形狀，效果才會好。

鍛鍊手指的效能肌 ❷
小拇指魚際肌

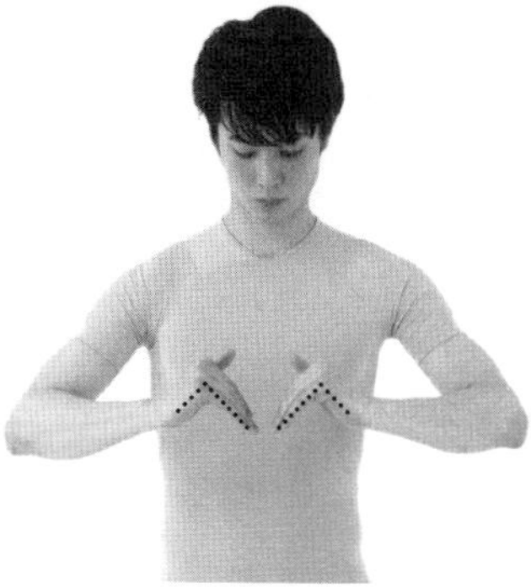

1 雙手舉到胸前，手指彎成直角

伸出兩隻手的手肘，置於身體前方，舉到胸口的高度，掌心朝下，保持只有食指～小指這四根手指的第三關節彎曲成直角的狀態。

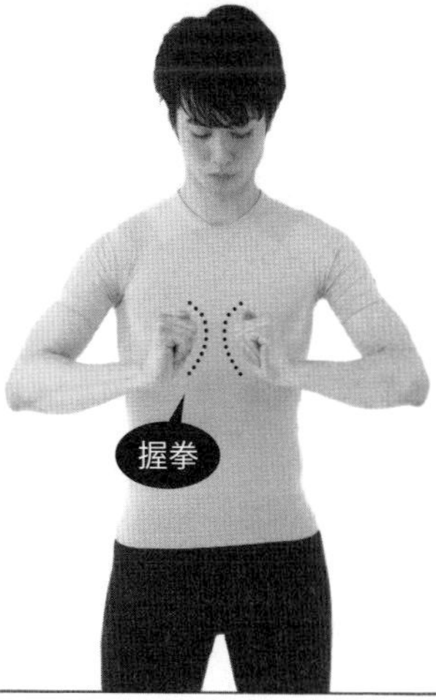

2 繼續彎曲手指，雙手「握拳」

對小指、無名指用力，繼續彎曲手指，在「握拳」的狀態下停留 10 秒；這時要小心四根手指的第一關節不要彎曲。

（大拇指魚際）的肌肉（大拇指魚際肌），就能同時強化「手腕～手指的整個大拇指側」，進一步提升整體的投球表現。

記得，所有的效能肌鍛鍊法都有一個共通點，那就是基本上要同時鍛鍊支撐一個關節的兩條肌肉（效能肌）。因此，鍛鍊手腕周圍時，別忘了要同時鍛鍊「尺側屈腕肌」（請參考三十四頁）；鍛鍊手指則別忘了同時鍛鍊「在小指下方形成隆起（小拇指魚際）的肌肉（小拇指魚際肌）」。

尺側屈腕肌與橈側屈腕肌相反，具有對小指用力的功能。因此對於球路是投曲球或滑球，投球時小指側會向內彎的投手而言，是練習時一定要加入的訓練菜單。

真人實證！

高中生就能投出時速一四四公里的直球

在棒球、壘球、手球等需要投球的運動比賽中，都能看到投的能力提升，其中，最容易看出採用了效能肌鍛鍊法的變化，莫過於投手的球速。

棒球／男性‧10多歲

某位高中生投手原本最快球速為一三二公里／時，才兩個月就增加十二公里／時，變成一四四公里／時。對直球勝負也產生了自信。此外，另位高中生投手也在兩個月內從一三七公里／時，進步到一四三公里／時。某位國中生投手只花了五天鍛鍊效能肌，原本九十六公里／時的時速就大幅提升到一〇九公里／時。

壘球／女性‧10多歲

某位高中女生壘球投手，也成功讓球速從八十公里／時提升到九十二公里／時。

棒球／男性‧20多歲

不僅如此，某位太平洋聯盟的職業棒球投手也刷新了自己過去一四六公里

/時的最高球速，達成一五一公里的時速。另一位職棒投手，自從年滿三十歲以後再也沒有投出過一五〇公里/時的球，開始鍛鍊效能肌後，便再次經常投出時速一五〇公里左右的直球。

讓放球點保持在高位的祕訣是？

如果想提升投球的能力，就不能忽略要加強下半身。

針對這一點，我想建議大家鍛鍊腰部、髖關節的效能肌：「髂腰肌」（請參考三十六頁）和「多裂肌、腹橫肌」（請參考三十八頁）。如前所述，在強化肩膀、肩胛骨的同時也不能疏忽腰部、髖關節周圍的保養，才能將投的能力發揮到淋漓盡致。

強化下半身，使軸心腳更穩定是關鍵

舉例來說，為了投出更快的球，放球點的高度至關重要，為此，只要

多裂肌能確實發揮作用，就能伸展髖關節，維持放球點的高度。

另外，穩定作為軸心的那隻腳後，把體重放在另一隻腳上投球時，用力往前踩的那條腿接觸到地面的瞬間，必須要有把腰部往前推的動力。唯有髂腰肌和多裂肌、腹橫肌產生絕妙的連動，才能做出這一連串順暢的下半身動作。簡單來說，投球動作可分為三階段：

- 髂腰肌支撐著腰部、髖關節的前側，多裂肌支撐著腰、髖關節的後側，讓作為軸心的那隻腳，保持穩定。
- 用力往前踩的腳接觸到地面的瞬間，多裂肌會把腰部往前推。
- 下一秒鐘，腹橫肌再把全身重量移動到用力往前踩的那隻腳上。

如果不先經過這一連串的動作，也沒有利用腰力移動重心就貿然投球，只會無謂地浪費能量，即使可以把球投出去，也無法全力以赴。因此，務必積極鍛鍊腰、髖關節周圍的效能肌。

7

揮

鍛鍊手腕和手指就
能提升「揮的能力」

想強化手腕？鍛鍊「橈側屈腕肌」和「尺側屈腕肌」就對了

棒球的揮棒，以及高爾夫、網球等運動有一個共通點，那就是用手揮動「棒狀的物體」來進行比賽。

如果想提升揮棒時的速度與正確性、增加力量，重點在於鍛鍊手腕的效能肌：「橈側屈腕肌」和「尺側屈腕肌」。

前一章「投的力量」提過橈側屈腕肌和尺側屈腕肌的鍛鍊，本章則以「揮動」球棒、高爾夫球桿、網球拍為主題，因此在必要性上略有不同。

不僅能提升揮棒力量，還能揮出致勝的弧度

為什麼鍛鍊這些效能肌，能有效提升揮力表現的原因，有以下三點：

第一，固定手腕就能提高揮的力量。橈側屈腕肌是支撐手腕及手指內側（大拇指側）的肌肉，而尺側屈腕肌則是支撐手腕及手指外側（小指側）的肌肉。

讓這些肌肉充分發揮作用有個條件。首先是活動小指側的尺側屈腕肌，固定小指指根，如此能充分增強小指和無名指握力。同樣地，藉由讓大拇指側的橈側屈腕肌發揮作用，固定大拇指指根，就能用大拇指及食指、中指牢牢地握住東西。

想提升揮的能力？
請鍛鍊手腕的效能肌

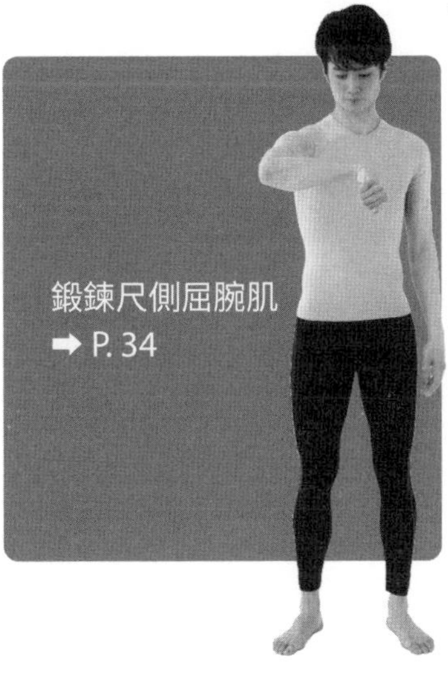
鍛鍊尺側屈腕肌
➡ P. 34

鍛鍊橈側屈腕肌
➡ P. 32

第二，尺側屈腕肌的力量與握力的大小息息相關。換句話說，只要善用這兩條肌肉，就能大幅提升固定、穩定手腕的功能，增加握住球拍、球棒、高爾夫球桿的力氣。這麼一來，無論是打棒球或網球，在把朝自己飛過來的球打回去時，就不會輸給球的威力，反而能把朝自己飛來的力量變成反作用力，用力地打回去。如果是網球說不定還能打出漂亮的抽擊球。

第三，鍛鍊手腕的效能肌還有另一個效果，就是能揮出自己想要的弧度。關節或肌肉一旦出問題，腦子下令「要這麼做」的動作和實際做出的動作就會有落差。例如：打棒球揮棒時，大腦發出「這裡要這樣揮」的指令，但明明按照大腦的指令揮棒，卻無法擊出漂亮的安打，無非是因為身體未能執行正確的動作。

這點無論是揮高爾夫球桿或揮網球拍時都一樣。正因為是用手揮動「棒狀的物體」，為了減少偏差，最重要的莫過於手腕和支撐手腕的橈側屈腕肌、尺側屈腕肌。

只要這些關節和肌肉都處於良好的狀態，揮棒的軌道、擊球的角度和時機、讓球旋轉的方法就能符合自己想要的動作。

棒球：只要能擊中球心，就能讓球聽話地往左或往右飛

關於「揮的能力」，除了提升揮動的力量之外，提升揮棒或揮拍的品質，也很重要。

事實上，揮動球棒或球拍時，手腕的動作非常複雜。以右打者的「左手」為例，會產生以下的動作：

- 從揮出去～打到球，掌心會向下移動。
- 打到球的瞬間，會先調整角度並保持固定與穩定。
- 下一秒立刻翻轉手腕，換成掌心朝上的動作。

順帶一提，因為是從左右兩側握住球棒，「右手」會同時做出完全相

反的動作。

如果手腕的動作不夠流暢，就必須以手肘或肩關節的動作補強，不僅姿勢會愈來愈不正確，還會增加對這些關節周圍的負荷，造成各式各樣的運動傷害。

相反地，包含在這個動作在內，只要鍛鍊橈側屈腕肌和尺側屈腕肌就能得到效果，不僅揮棒時能擊中球心，還能乖乖讓球聽話地往左飛就往左飛、往右飛就往右飛。另一方面，也能減少因為削球而出界的次數，準確地命中每一顆朝自己飛來的球。

有時球技無法提升不是訓練不足，而是身體問題

當然，能不能打出漂亮的球，也包含球技的要素在內。只不過，我們還是能把身體調整到「萬無一失的狀態」。如此一來，只要加上技術性的練習，就能實現以前再怎麼努力嘗試也完成不了的技法。

也就是說，如果你不管過去再怎麼練習、拚命磨練技術，表現還是不

如人意的話，或許就不是技術問題，而是身體問題，所以也不失為開始鍛鍊效能肌的契機。

順帶一提，只要好好地鍛鍊從手肘經由手腕，延到指尖的橈側屈腕肌和尺側屈腕肌，別讓這些肌肉變成偷懶肌，手肘就不會彎曲，腋下也不會有空隙。這樣還能進一步預防、改善高爾夫球肘或網球肘。

基本上，無論揮棒的速度再快，倘若揮棒軌跡不正確，打不到球的話，一切都是白搭。反過來說，只要能做出剛才講的各種動作，成績一定會大幅度提升。

除此之外，如果能再搭配第六章介紹的，在掌心大拇指下方形成隆起（大拇指魚際）的肌肉（大拇指魚際肌）鍛鍊法，和在小指下方形成隆起（小拇指魚際）的肌肉（小拇指魚際肌）鍛鍊法，肯定能表現得比以前更好。

高爾夫球：讓起桿和送桿的動作變大，自然提升擊球的速度

由於握住球棒、高爾夫球桿、網球拍要揮動肩膀～手臂，所以最好也要同時鍛鍊肩膀周圍的效能肌：「肩胛下肌」（請參考二十八頁）和「肱三頭肌」（請參考三十頁）；以及，鍛鍊肩胛骨周圍的效能肌：「前鋸肌」（請參考二十四頁）和「菱形肌」（請參考二十六頁）。

這麼做的目的與上一章提升「投力」的內容非常相似。

肱三頭肌會產生「肩膀往外側（後側）扭轉的動作」，因此對於要大動作地起桿很有幫助，肱三頭肌同時支撐肩膀後側，所以對穩定姿勢也很有貢獻。

另一方面，肩胛下肌會產生「肩膀往內側（前側）扭轉的動作」，並支撐肩關節的前側，因此有助於擊中球的同時把球推出去。

不僅如此，只要鍛鍊功能是把肩胛骨往脊椎骨的方向靠攏的菱形肌，起桿的動作會更大、更流暢。除此之外，只要鍛鍊功能是讓肩胛骨向外開展的前鋸肌，也能拓展送桿的活動範圍。

當這些效果相互加乘，就能提升揮動球棒、高爾夫球桿、網球拍時的速度，擊球的速度也會隨之提升。

真人實證！
這些選手都透過效能肌鍛鍊法提升運動表現

高爾夫／男性．40多歲

我認識一位在當物理治療師的男性，原本用一號木桿只能打出二五〇碼的距離。當他開始鍛鍊效能肌後，最遠可擊出三二〇碼。據他所說，如果只測量桿頭速度「幾乎與老虎伍茲一樣」，所以秒速大概是五十五～六十公尺左右。後來他一邊在醫院工作，一邊接受 JPDA 協會的測驗，結果順利及格。

高爾夫／女性．40多歲

另一位女子職業高爾夫選手並沒有做什麼特別的重量訓練，只是專注地鍛鍊效能肌，結果四十歲了還能打出三五〇碼的球，刷新自身最佳紀錄。

棒球／男性．10多歲

棒球界也有一位職棒投手，利用效能肌鍛鍊法戰勝了腰痛與慢性的肩膀疼痛。試圖測量他的揮棒速度，可是試了好幾次都測不到，表示超出測速儀的上限。不知道他使用的是哪一種測速儀，但顯然超過時速一五〇公里。

網球／女性．50多歲

至於網球界，則有位五十多歲的普通女性開始鍛鍊效能肌一個月後，力量明顯地提升了，幾乎每個月都要換一次球網。球的旋轉方式也大幅改善，與二十多歲的對手練習對打時，可以打到不分勝負。在專門給五十多歲的人參加的比賽中，拿下日本第一或許也不再是遙不可及的夢想。

根據不同運動項目，進一步搭配強化腰部或腳踝的鍛鍊，全面提升表現

提升揮棒、揮桿、揮拍的能力還有最後一哩路，那就是鍛鍊腰、髖關節周圍的效能肌：「骼腰肌」（請參考三十六頁）和「多裂肌、腹橫肌」（請參考三十八頁）。

當這些肌肉從偷懶的狀態覺醒，就能讓下半身做出穩定且順暢的動作，例如「作為軸心的腳趨於穩定」、「腰桿打直」、「體重能自由自在地移動」，以上這些綜合起來就能有效提升揮的能力。

打棒球或高爾夫球要強化腰部和髖關節，網球則要強化腳踝

如果是打網球的人，除了強化腰、髖關節，建議也要加強腳踝。這是因為比起棒球或高爾夫球，網球有更多需要邊跑邊揮拍的動作，因此有很多需要往左右兩邊小跑步、運用側併步的動作。只要能提高上述的能力，無論在什麼樣的狀況下都能隨心所欲地揮拍，也能爭取用於揮拍的時間。

至於強化腳踝周圍的具體方案，為鍛鍊「脛後肌」的效能肌（請參考四十四頁）和鍛鍊「腓骨肌」的效能肌（請參考四十六頁）。至於鍛鍊這些肌肉有助於提升橫向瞬間側併步能力的原因，在第四章已詳盡說明，各位不妨回頭參照。

8

游

強化肩胛骨
就能提升「游的能力」

鍛鍊「前鋸肌」和「菱形肌」以強化肩胛骨，最重要

為了提升游泳的能力，希望各位第一步都應該先鍛鍊肩胛骨周圍的效能肌：「前鋸肌」和「菱形肌」。不過，由於游泳時上半身的動作非常大，因此鍛鍊肩膀周圍的效能肌：「肩胛下肌」（請參考二十八頁）和「肱三頭肌」（請參考三十頁）是僅次於前鋸肌和菱形肌第二重要的部位。

如果想有效率地提升游泳的能力，可以從以下兩個方向著手：

❶ 減少水的阻力

❷ 增強用手划水的力氣

若遲遲無法突破成績瓶頸，可能表示效能肌正在作祟了

　游泳這種競賽確實可以經由練習「提升技術」，但若想超越現在感受到「進步的瓶頸」，則必須從體內提升游泳的能力，而鍛鍊效能肌是十分有效的作法。

　說得更具體一點，鍛鍊前鋸肌和菱形肌，有助於提升肩胛骨的動作和穩定性，也能從上述的❶和❷兩方面帶來好的影響，因此有助

想提升游的能力？
鍛鍊肩胛骨周圍的效能肌

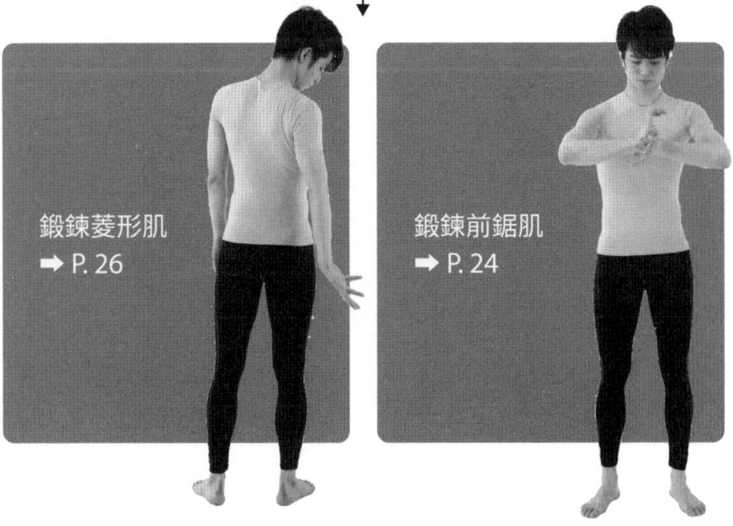

於提升游泳的能力。

首先，關於❶這點，「將水的阻力減到最少的姿勢」＝除了能保持水中的流線型，也是提升肩胛骨動作和穩定性時不可或缺的鍛鍊。舉例說明：如果想保持雙手筆直伸向前進的方向、手臂緊貼著耳朵的姿勢，就絕對不能忽略「肩胛骨的鍛鍊」，唯有讓肩胛骨周圍的肌肉取得均衡，動作才會靈活又穩定。

另外，擺出雙手筆直地伸向前進方向的動作時，可想而知肩膀的關節和肌肉也會一起動作。因此，一旦位在前後兩側支撐肩膀的肩胛下肌和肱三頭肌偷懶，就無法發揮原有的實力。

由此可見，單從保持水中的流線型以減少阻力這點來看，同時鍛鍊肩胛骨周圍的效能肌，以及肩膀周圍的效能肌，才是最理想的訓練菜單。

改善姿勢問題，就能大幅增進速度和推進力

上一篇的❷「增強用手划水的力氣」來自活動整條手臂產生的力量，因此會直接受到肩胛骨、肩膀周圍的肌肉勤不勤勞的影響。本篇將以「自由式」為例，具體說明。首先，原則上自由式可以分為四個步驟：

- 入水：跳進水裡，手臂移動到下方，用掌心撥水的動作。 ⬅
- 抱水：入水後，把水撥到胸部下方的動作。 ⬅
- 划水：把水推到身體後方的動作。 ⬅

● 出水：划到身後的手伸出水面，再回到前方的動作。

在上述的過程中，可以發現肩胛骨和肩膀的動作都很大。因此，唯有做到肩胛骨和肩膀的可動範圍極大這一點，才能增加推進力。

另外，本書截至目前都是以站立的姿勢為各位說明效能肌的作用。但在游泳時，其姿勢與站立的狀態不同，因此或許比較難以理解肩胛骨、肩膀周圍肌肉的活動範圍。為了謹慎起見，請記下游泳時的姿勢活動範圍。

● 自由式及蝶式的姿勢

在自己身體的頭頂（前進方向）～胸前一帶（水中的正下方）的範圍內活動手臂時，肩胛骨周圍的「前鋸肌」、肩膀周圍的「肩胛下肌」必須比平常更努力工作。另一方面，相當於接下來的手臂動作，在胸前一帶（水中的正下方）～自己身體的後方（水面外）的範圍內，肩胛骨周圍的「菱形肌」、肩膀周圍的「肱三頭肌」也必須更努力工作。

● 仰式的姿勢

在自己身體的前方（水面外）的範圍內活動手臂時，肩胛骨周圍的「前鋸肌」、肩膀周圍的「肩胛下肌」必須比平常更努力工作。另一方面，在自己身體後方（水中）的範圍內，肩胛骨周圍的「菱形肌」、肩膀周圍的「肱三頭肌」也必須更努力工作。

本章的開頭也簡單提到在游泳時一連串的過程中，「明明知道應該針對某個重點部位加以改善，可是再怎麼練習，動作還是不流暢」的話，可能是做出該動作的肌肉不夠有力。這時，請務必參考本章內容，積極地鍛鍊那些已經習慣偷懶的肌肉。

至於蛙式，其前進的主要原動力來自下半身而非上半身的肌肉。所以後面幾頁也會提到下半身肌耐力的關鍵，亦即腰部、髖關節周圍的肌肉。再請依照自身需求，斟酌參考。

真人實證！

透過效能肌鍛鍊法之後，陸續更新自身最佳紀錄

游泳／男性・10多歲

「已經盡全力地練習了，可是這一年來卻沒有絲毫進步。」陷入瓶頸的國二男生說道。事實上，後來我發現是因為他游泳時全身都不穩，多了許多無謂的動作，所以浪費了很多時間；他游的是蛙式。然而，當他開始在訓練中加入效能肌鍛鍊法之後，不僅手腳動作變得愈來愈流暢、全身的力量有效率地轉化為泳技，表現也愈來愈好：一〇〇公尺的成績，比自己的最佳成績縮短了七秒、二〇〇公尺也縮短了十三秒，留下令人眼睛為之一亮的結果。

游泳／男性・10多歲

另一位國中一年級的男學生，也利用效能肌鍛鍊法達到身體左右平衡，改掉游泳時不自覺偏向右邊的壞習慣。此外，

他還表示現在無論是長泳或比較長時間練習，身體也都比較不容易感到疲累。至於成績，二〇〇公尺的個人混合泳比自己過去最好的成績快了七秒、一〇〇公尺蛙式則快了三秒。

游泳／男性．10多歲

某位高二男生的自由式五十公尺成績縮短〇．二〇秒、一〇〇公尺成績縮短二．〇九秒，成功刷新自己的最佳成績。

游泳／女性．10多歲

女性選手也一樣獲得極佳的成果。某位高中一年級的游泳社員縮短了一．三秒，刷新自己的一〇〇公尺仰式成績，甚至創下縣的新紀錄，還因此得以參加全國大賽。

鍛鍊腰部、髖關節不僅能保持好水中的流線型，也能提升蛙式的泳速

想保持好水中的流線型，與下半身腰部、髖關節周圍的肌肉：「髂腰肌」及「多裂肌」有很大的關係；一旦這些肌肉偷懶，腰部就不會落在正確的位置上，這種「不夠流線型的姿勢」就會受到水的阻力影響。

如同前面提過的，腰部、髖關節的前側由髂腰肌支撐、後側由多裂肌支撐、兩側由腹橫肌支撐。因此，為了讓這些肌肉的比例更均衡，就得妥善鍛鍊髂腰肌（請參考三十六頁）和多裂肌、腹橫肌（請參考三十八頁），以減少水的阻力，保持在水中的流線型。

尤其，如果變成彎著腰的姿勢游泳，就很容易受到水的阻力，所以要有意識地鍛鍊多裂肌、腹橫肌的效能肌，好好地把腰部往前面推出去。

另外，蛙式的主要推進力來自腳的動作，亦即「用腳夾水的動作」。而為了做好這個動作，必須打開髖關節，大範圍地扭轉。與此同時，也必須保持在伸直兩腳的狀態。

因此，如果目標是提升蛙式的功力，當務之急一定要鍛鍊髂腰肌與多裂肌、腹橫肌的效能肌。事實上，即使是「蝶式想游得好」的人，鍛鍊腰部、髖關節的效能肌也很有效，因為蝶式的特徵，正是在於腰部的動作：從水面起身的時候，不只要用到手部的力量，也要用到腰部的力量。

若左右肌耐力不平衡，游泳成績就不易提升

根據截至目前的內容，可以發現鍛鍊肩胛骨、肩、腰、髖關節周圍的肌肉，不僅能讓軀幹的動作大一點，也能平衡肌耐力，有助於游成一直線。游泳時之所以會傾向任何一邊，通常是因為與游泳有關的肌肉左右不平衡，亦即身體左右兩邊的肌耐力不一樣，並非受到隔壁水道的人影響。

不只在學校上游泳課或基於興趣學游泳的人會有這個問題，就連程度

好到可以參加游泳比賽的人也會有這個煩惱。如果過去一直找不到解決這個問題的方法，不妨試試看效能肌鍛鍊法，從而獲得標準的姿勢與強而有力的划水動作，最終達到縮短時間的目的。

9

讓表現與成績
更上一層樓
的祕訣！

請配合「目前的身體狀態」設計訓練菜單，才有效

只要能實踐截至目前傳授給大家的內容，你的運動能力就會向上提升。這很正常，畢竟你都把目標鎖定在「提升〇的能力」，而且進行兩～四種有效的效能肌鍛鍊法了。

在比賽或運動中，肯定會充分感受到「動作的質量都提升了」的機會，這種「感覺的變化」會如實地反應在時間、分數等「數字的變化」。

不過，我也完全能明白認真面對運動的人希望能「表現得更好！」的心情。

了解自己的身體，身體才會回饋給你好的運動表現

除此之外，想必也有「希望能『更確實地』經由鍛鍊效能肌獲得更好的變化」、「想從一開始就實踐『全部的效能肌鍛鍊法』」的人。為此，本書的最後一章，也就是第九章將為各位介紹最適合這種人的方法。

接下來將依照以下的順序為各位進行具體的說明：

❶ 檢查上半身與下半身的整體平衡

❷ 重點式地檢查十二條效能肌與六個重要關節

❸ 執行全部效能肌鍛鍊法的實踐順序

事實上，上述的各點都有其各自的意義。細節後面會再說明，但結論是三項有一個共通點，那就是要仔細地分析「自己目前的身體狀況」，且配合狀況實踐「屬於自己的練習菜單」。

換言之，在執行效能肌鍛鍊法之前，務必先了解目前自身的身體狀況，才能對症下藥，從而獲得最佳的訓練成果。

「沒力那邊」表示還有成長空間，「有力那邊」則表示有沒效率的動作

利用椅子進行的側棒式，最適合用來檢查上半身的整體平衡。請依照次頁的說明進行時，倘若發現有「腰往後縮」、「腰向前挺」、「手臂無法靜止不動」，不妨想成是上半身還有進步的空間。

此外，也請比較左右換邊時的狀態，不難發現「應該更注重上半身的哪一邊」。

這個測驗可以明顯地反映出「哪一邊的上半身掉下去了」。換句話說，如果是「右手肘撐在地板上做時沒有問題，但左手肘撐在地板上時就做不好」的人，表示左側的上半身比較沒力。

為了得知左右兩邊的差異，也要注意放腳的椅子高度，因為若椅子太

① 檢查上半身平衡度：座椅側棒式

1 把腳踝放在椅子上，手肘撐著地板

選擇高度約 40～50 公分的椅子、沙發、台子等，側躺在地上，上面那隻腳只有腳踝放在椅子上。手肘置於肩膀的正下方，彎曲手肘，撐著地板。

※ 右圖為檢查右側的上半身

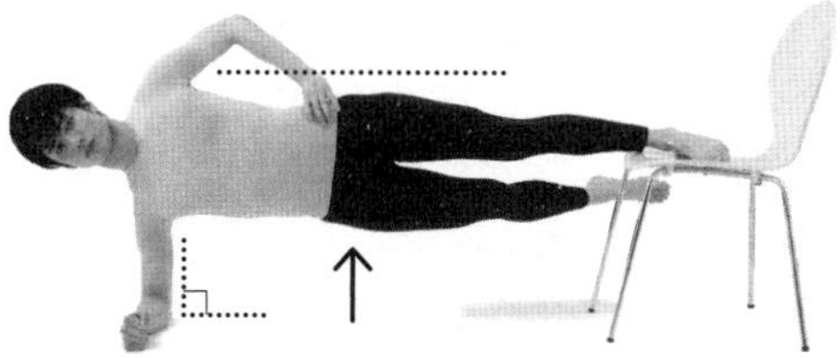

2 與地板平行，撐起身體

撐起身體，直到高度與地板平行。這時要注意「兩條手臂與地板垂直」、「腰不可以往後縮也不要向前挺」，保持這個姿勢，停留 30 秒。再換邊，以相同的方式檢查。

NG

撐著地板的手臂和腰部歪了

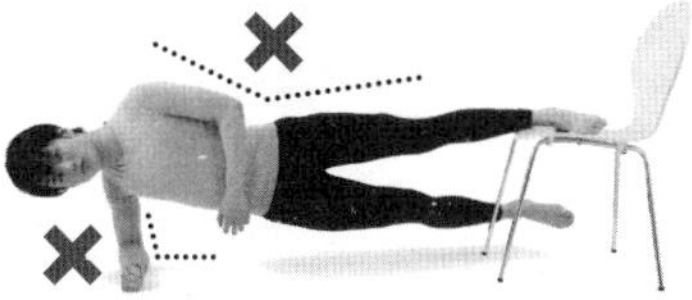

腰部往後縮，沒有呈水平一直線

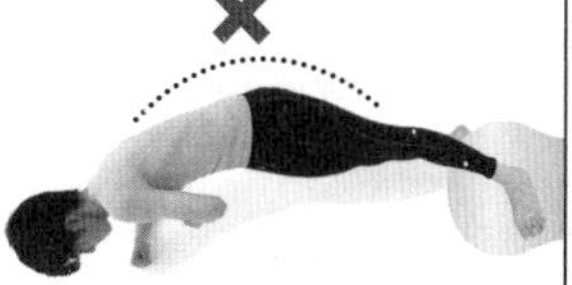

高，就難以檢查左右兩邊的整體平衡差在哪裡。為什麼呢？當腳踝放在椅子上、身體保持不動時，若身體的線條沒有跟地板平行，尤其是處於「愈往腳尖愈高的狀態」，雖然做起來輕鬆，但也無法觀察不出左右兩邊的差異。這一點，請特別注意。

另外檢查之後若發現「哪邊比較沒力」，之後就可以多做一～二組那邊的訓練菜單，藉此強化「沒力那邊」，如此一來「沒力那邊」就會產生「成長空間」，同時還能解決「有力那邊會做出沒效率的動作」的問題。

維持左右肌群平衡發展，很重要

雖然，這個測試主要是檢查「上半身的左右差異」的方法，但其實也可以同時檢查下半身的左右平衡狀態，之所以這麼說，是因為若「右手肘撐著地板，左腳踝放在椅子上來做，身體無法保持平衡」的話，表示上半身的右側沒力，下半身的左側也很可能也沒力。

對選手而言，如果難以順利保持「右手肘撐著地板，左腳踝放在椅子上」的姿勢，可能是因為「沒有妥善運用上半身的右側」、「就連下半身的左側也沒有充分運用」，這會形成右撇子的人在打棒球的時候做出投球動作、在打網球的時候做出正手擊球動作時，被扣分的原因。

為此，如果想提升投球和正手擊球的品質，記住這上下半身的左右平衡都很重要。

利用半蹲姿勢，檢查下半身左右是否不平衡

與檢查上半身平衡度的機制相似，「保持半蹲」的姿勢是最適合用來仔細檢查下半身整體平衡的方法。

倘若檢查之後發現：「無法在小腿的『直線』與地板垂直時執行」、「腳底無論如何都會離開地板」、「背部會拱起」，就表示下半身失衡，請更積極地執行下半身的效能肌鍛鍊法。

根據我過去的經驗，即使在兩隻腳的腳底都貼著地板的狀態，其實也有不少人都無法維持半蹲的姿勢十秒。

無論是經常使用單腳或雙腳的運動，下半身左右平衡都很重要

如同上半身的測試，為了知道「哪一邊比較沒力，哪一邊比較有力」，請改成重心往下坐以後，稍微舉起一隻腳，「保持舉起一隻腳的半蹲姿勢」。然後再換腳，比較兩者保持不動時的狀態，就能檢查出下半身的左右差異。

假設結果是「只有右腳踩在地上時做起來比較穩，只有左腳踩在地上時會晃來晃去」就表示左側的下半身「比較沒力」、右側的下半身「比較有力」。由於「沒力那邊會產生成長空間」，也為了解決「有力那邊會做出沒效率的動作」的問題，建議針對「比較沒力的那一邊」多做一～二組練習菜單。

對於足球或格鬥技等，需要用力把腳踢出去的另一隻「作為軸心的腳」，或經常要單腳站立炫技的運動，如果始終感覺「應該要用力踩在地上的那隻腳」沒力時，只要多鍛鍊那隻腳，就能大幅度地提升表現品質。

順帶一提，即使是雙腳同時跳的運動，下半身還是要取得平衡比較好，因此鍛鍊「沒力那邊」肯定有助於提升運動成績。

② 檢查下半身平衡度：後傾半蹲

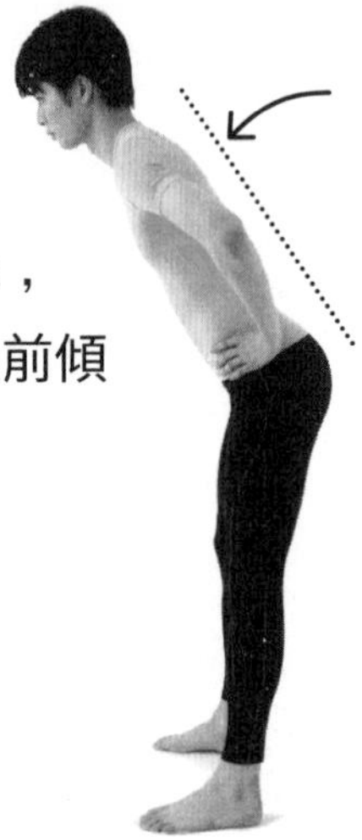

1 打直背脊，
上半身往前傾

雙腳打開與肩同寬站立，雙手掌心放在兩側的骨盆上方。背脊保持打直，上半身稍微往前傾。

2 重心往下坐

保持在 1 的姿勢，重心往下坐。這時提醒自己「背部要打直」、「不要移動腳的位置，腳底不能離開地面」、「小腿與地板垂直」，保持在此姿勢 30 秒。

確實掌握自身弱點，藉以檢視效能肌鍛鍊法是否有效

截至目前介紹的方法，都是從微觀的角度檢查上半身、下半身的平衡狀態。透過上半身與下半身的效能肌，可以看出分別屬於拮抗肌和協同肌的好幾條肌肉，是否有巧妙地取得共識，互向合作。

接下來，想介紹如何重點式地檢查「十二條效能肌」與「六個重要關節」的方法。這個檢查最主要的目的，在於確認「各種效能肌鍛鍊法，是否皆如實執行」。

實際操作時，請先檢查❶「腰、髖關節、膝蓋」。全身的關節與肌肉密切相關，因此就算肩膀的狀態還可以，也一定會影響到接下來的測試。

接著，檢查❷「肩胛骨、肩膀」。如果同時進行❶檢查「腰、髖關

節、膝蓋」的「方法1」和「方法2」有困難，或者左右兩邊的動作做起來的流暢度不一樣，表示支撐腳踝的肌肉可能已經變成偷懶肌，所以也要檢查 **3** 的「腳踝」。

同樣地，如果同時進行 **2** 檢查「肩胛骨、肩膀」的「方法1」和「方法2」有困難，或者是左右兩邊的動作做起來的流暢度不一樣，請務必也要檢查 **4** 的「手腕」。

這麼一來更容易鎖定自己的弱點，徹底搞清楚「為了鍛鍊那條效能肌的鍛鍊法，是否確實被執行」以及「再來該特別加強、重視哪些關節和肌肉」。

為了讓測試結果能反饋到今後的效能肌鍛鍊法上，請遵循以下的判斷標準：

1 檢查「腰、髖關節、膝蓋」

- 執行「方法1」有困難↓鍛鍊「髂腰肌」和「膕旁內肌」
- 執行「方法2」有困難↓鍛鍊「多裂肌、腹橫肌」和「內收肌」

2 檢查「肩胛骨、肩膀」

- 執行「方法1」有困難→鍛鍊「前鋸肌」和「肩胛下肌」
- 執行「方法2」有困難→鍛鍊「菱形肌」和「肱三頭肌」

3 檢查「腳踝」

- 轉向內側有困難→鍛鍊「脛後肌」和「大拇指魚際肌」
- 轉向外側有困難→鍛鍊「腓骨肌」和「小拇指魚際肌」

4 檢查「手腕」

- 轉向內側有困難→鍛鍊「橈側屈腕肌」和「大拇指魚際肌」
- 轉向外側有困難→鍛鍊「尺側屈腕肌」和「小拇指魚際肌」

在進行各項檢查時，除了執行起來有困難以外，也可能會有受到拉扯的感覺或輕微疼痛，甚至真的抽筋，若有這樣的情形發生，表示該工作的肌肉偷懶，同時也是關節的可動範圍變小的訊號，因此請善用這套判斷標準，積極地鍛鍊偷懶的肌肉。

① 檢查「腰、髖關節、膝蓋」

方法 **1** 身體大大地倒向左右兩邊

雙腳打開與肩同寬站立，手臂放鬆，身體盡可能大幅地倒向左右兩邊。倒向哪邊，體重就要移到哪邊，腳底的位置保持不動，也不要離開地板。

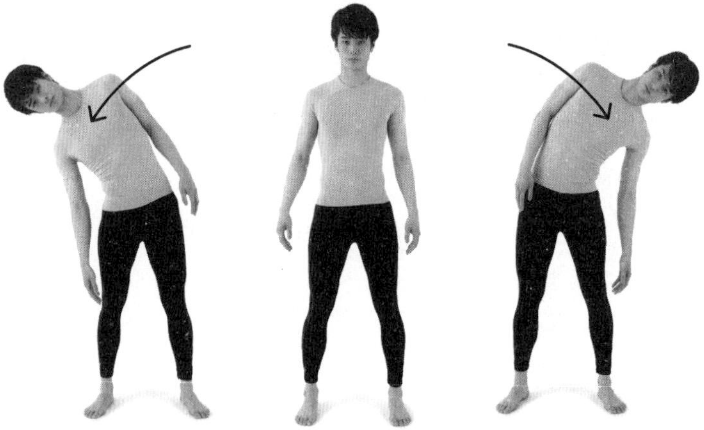

方法 **2** 身體大幅地左右扭轉

雙腳打開與肩同寬站立，手臂放鬆，身體盡可能大幅度地左右扭轉。腳底的位置保持不動，也不要離開地板。

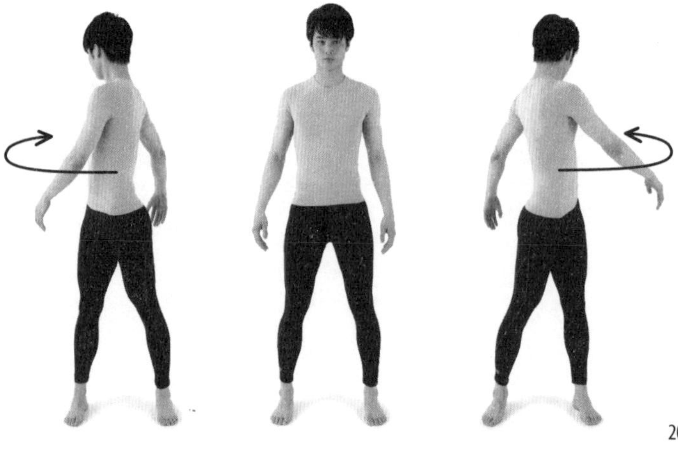

② 檢查「肩胛骨、肩膀」

方法1

1 手背貼在骨盆上方「骨頭凸出來的地方」

雙腳打開與肩同寬站立，背部挺直，手背貼在位於身體側面的骨盆上方「骨頭凸出來的地方」。

※ 右圖為檢查右側的肩胛骨、肩膀

2 整隻手轉向前方

全身的姿勢、手背的位置保持不動，整隻手，尤其是手肘要轉向身體的正前方。再換左手，以相同的方式檢查另一邊。

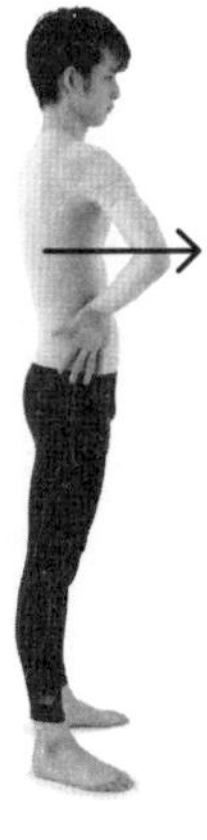

方法2

1 筆直地舉右手，手肘向上彎曲

雙腳打開與肩同寬站立，背部挺直，舉起右手，垂直地舉到身體的側面，手肘向上彎曲，掌心朝向自己。

※ 右圖為檢查右側的肩胛骨、肩膀

2 整隻手往後拉

全身的姿勢，手掌的方向保持不動，整隻手，尤其是下臂要帶向後方。再換左手，以相同的方式檢查。

③ 檢查「腳踝

1 坐在地上，用腳趾「握拳」

坐在地板上，膝蓋微彎，腳踝微微地伸直，腳跟貼地，腳尖朝上，腳趾用力地縮緊，做出「握拳」的姿勢。

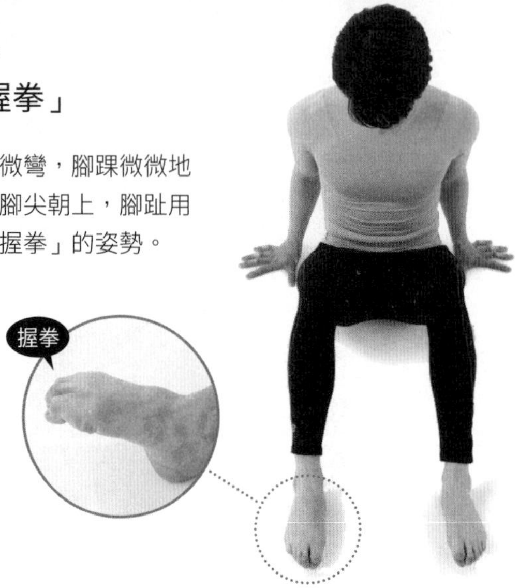

2 腳踝依序往內側、外側扭轉

腳趾保持「握拳」的姿勢，膝蓋、腳跟的位置不動，只有腳踝往內側、外側扭轉。倒向內側時要對「腳踝、腳趾的內側」出力，倒向外側時則要對「腳踝、腳趾的外側」出力。

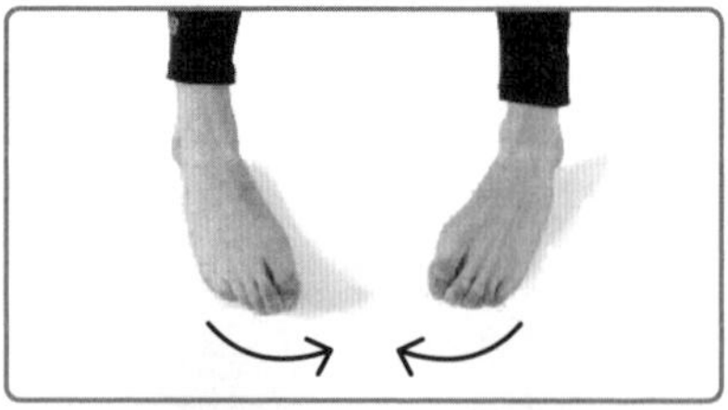

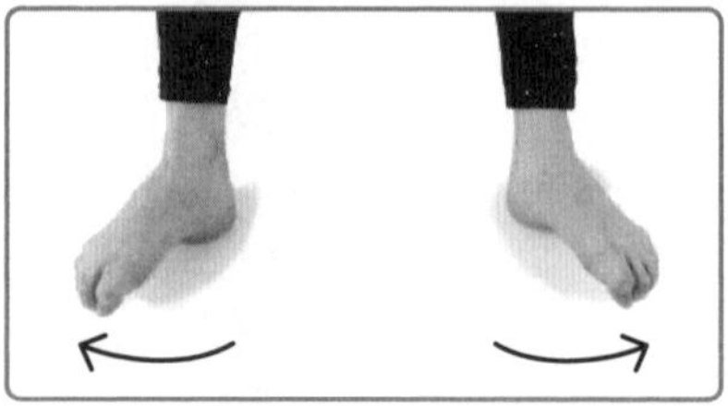

④ 檢查「手腕」

1 彎曲手肘，另一隻手的掌心放在手腕下方

收緊腋下，右手的手臂緊貼身體側面，彎曲成 90 度；左手的掌心則放在右手腕下方。

※ 右圖為檢查右側的手腕

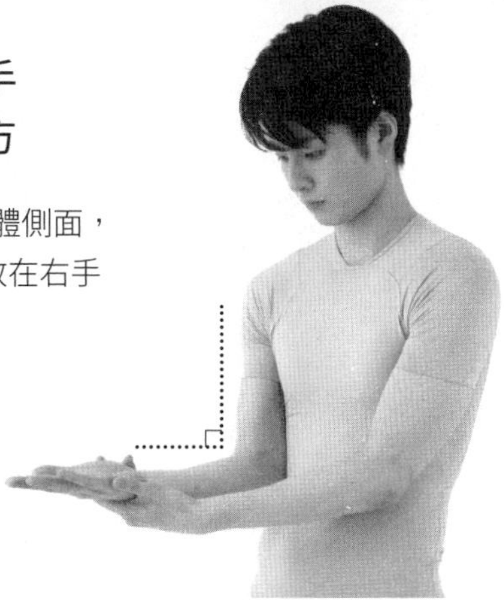

2 手腕依序往內側、外側扭轉

放在底下的那隻手的手指也要用力，只有手腕盡可能轉向內側、外側。再換左手，以相同的方式檢查。轉動手腕的那隻手要始終夾緊腋下，把手肘固定在側腹進行。

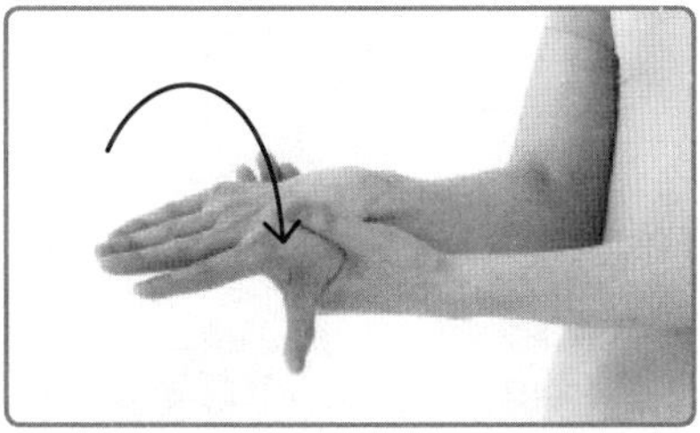

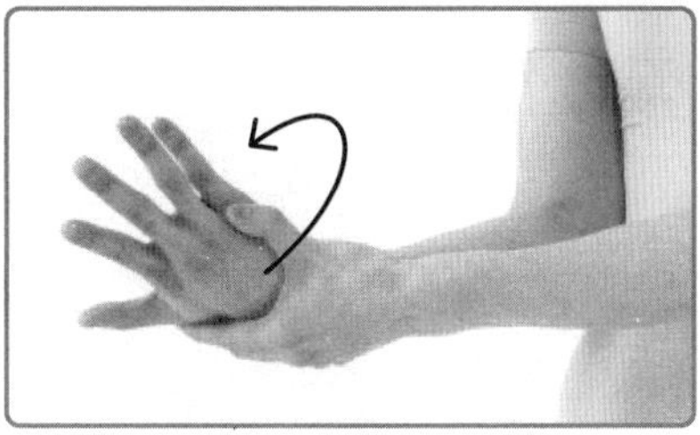

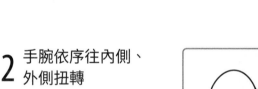

練習前、比賽前做效果更好！循環式全身訓練方案

本書的最後，將為各位介紹把所有的效能肌鍛鍊法全部串連起來，一口氣做完，提升運動能力的效果空前絕後的完整版「效能肌的循環式訓練法」。

花在單一效能肌鍛鍊法的時間只有短短十秒，每次以進行三組最理想。但就算是這樣，也只要五分鐘以內就能完成上半身或下半身的鍛鍊，仔仔細細地鍛鍊全身也大約十分鐘就結束了。

雖然是這麼短時間就能完成的訓練菜單，但是一連串的動作把「重要的關節與肌肉的關係」、「拮抗肌與協同肌的關係」都考慮進去了，還深思熟慮地配置、組合各種效能肌鍛鍊法。

因此，我相信不論是誰，都能透過這套循環式訓練法發揮最大的運動能力。

建議各位把這套效率絕佳的循環式訓練法運用在練習前、比賽前等「運動、參加比賽前」的時間。

我猜各位讀者過去在練習前或比賽前都會做伸展操，未來請先做完這套效能肌的循環式訓練法，再做原本常做的伸展操。如此一來，就能徹底地對「以前沒有發揮作用的肌肉」用力，並且讓「因為過度用力而變硬的肌肉」自動放鬆；記得，唯有先放鬆僵硬的肌肉，才能讓伸展操充分發揮應有的作用。最終，全身的關節及肌肉的整體平衡都會變好，在提升表現力、預防疲勞及受傷等方面，都能產生更亮眼的相乘效果。

為了避免受傷，勤勞肌會掙脫原本的束縛，比起只做伸展操的身體，練習時的效率會大幅度地向上提升，比賽時能發揮出百分之一百二十的實力。

強烈建議各位，以後都要把效能肌的循環式訓練法加到運動前的例行公事，一起加油！

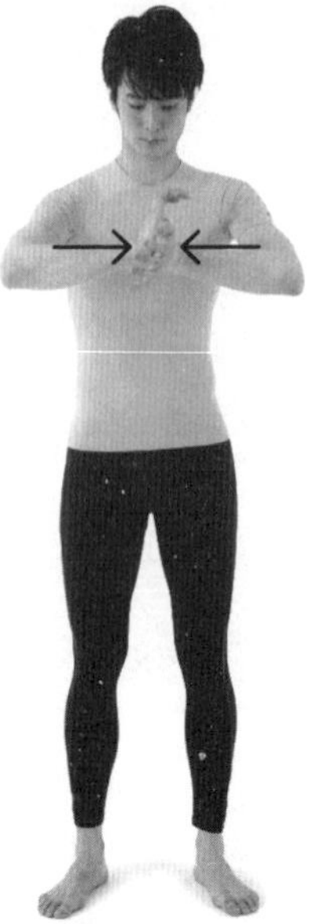

1

鍛鍊肩胛骨周
圍的偷懶肌❶

前鋸肌

➡ P. 24

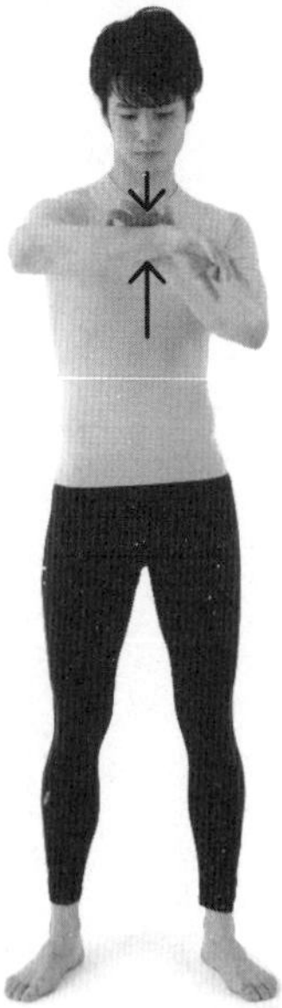

2

鍛鍊肩胛骨周
圍的偷懶肌❷

肩胛下肌

➡ P. 28

上半身篇

想發揮出百分之百的運動實力？像這種時候
就要實踐所有的「效能肌鍛鍊法」！做伸展
操前先刺激效能肌，喚醒沉睡的肌肉！

5

鍛鍊手腕、手指
周圍的偷懶肌❶

橈側屈腕肌

➡ P. 32

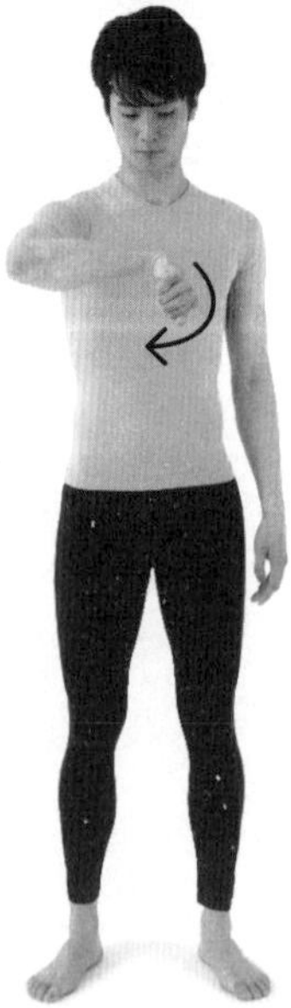

6

鍛鍊手腕、手指
周圍的偷懶肌❷

尺側屈腕肌

➡ P. 34

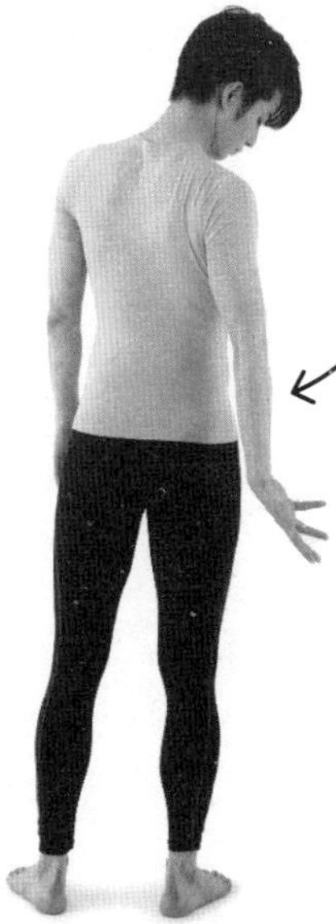

3

鍛鍊肩胛骨周
圍的偷懶肌❶

菱形肌

➡ P. 26

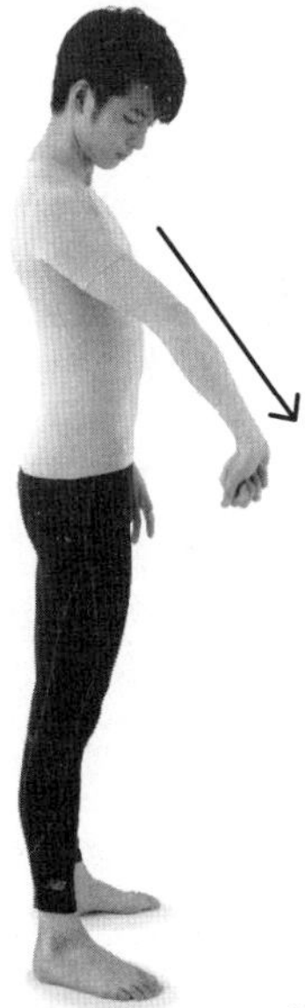

4

鍛鍊肩胛骨周
圍的偷懶肌❷

肱三頭肌

➡ P. 30

比賽或練習前
5分鐘即可！

鍛鍊所有效能肌的
循環式訓練法

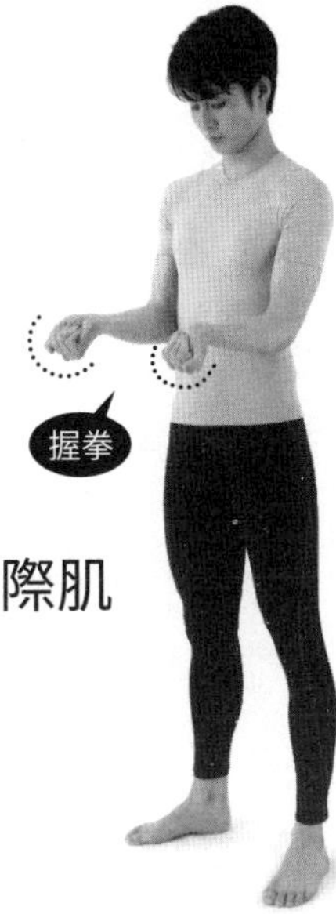

7

鍛鍊手指的
偷懶肌❶

大拇指魚際肌

➡ P. 156

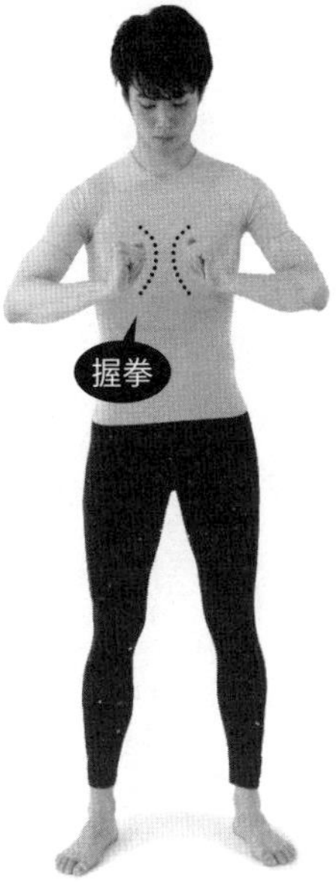

8

鍛鍊手指的
偷懶肌❷

小拇指魚際肌

➡ P. 157

10

鍛鍊腰部、髖關節
周圍的效能肌❷

內收肌

➡ P. 42

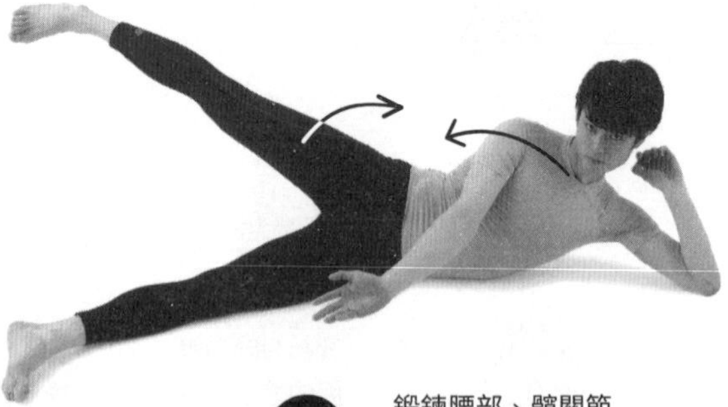

9

鍛鍊腰部、髖關節
周圍的效能肌❶

多裂肌、腹橫肌

➡ P. 38

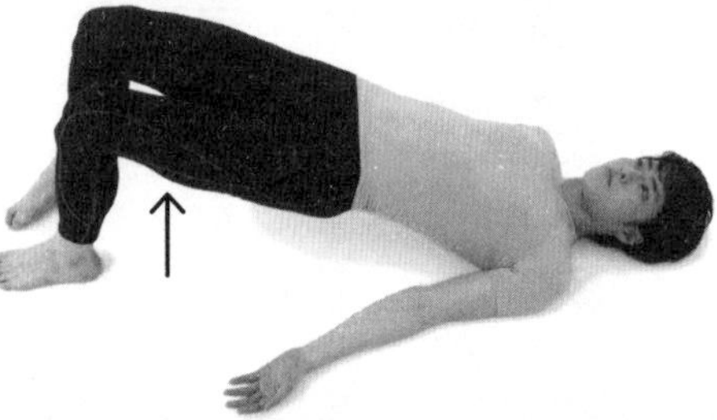

下半身篇

喚醒上半身的肌肉之後，接著換下半身。在拉筋伸展前，上半身、下半身各做 5 分鐘的效能肌鍛鍊法非常有效。鍛鍊的順序編號接續 P. 206 的上半身篇。

14

鍛鍊腳踝周圍
的效能肌❷

腓骨肌

➡ P. 46

13

鍛鍊腳踝周圍
的效能肌❶

脛後肌

➡ P. 44

11

鍛鍊腰部、髖關節
周圍的效能肌❶

髂腰肌

➡ P. 36

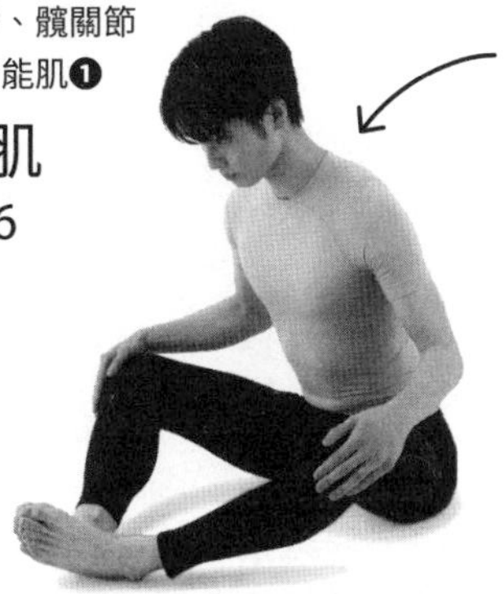

12

鍛鍊膝蓋周圍
的效能肌❶

膕旁內肌

➡ P. 40

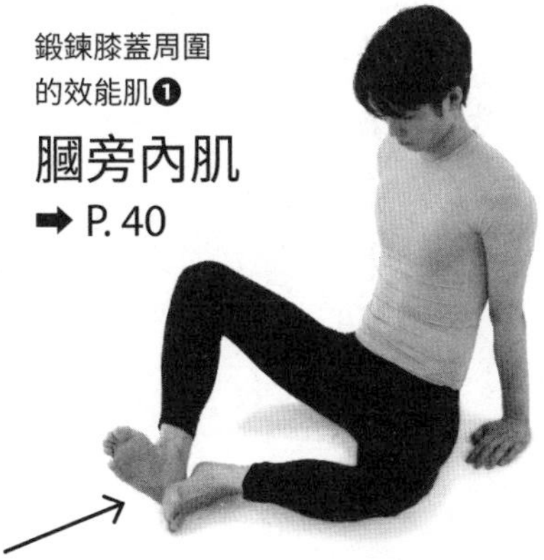

比賽或練習前
5分鐘即可！

鍛鍊所有效能肌的
循環式訓練法

15

鍛鍊腳趾的效能肌❶

大拇指魚際肌

➡ P. 126

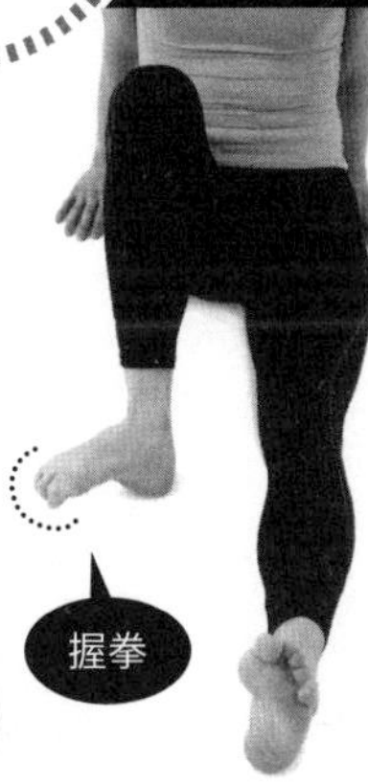

16

鍛鍊腳趾的效能肌❷

小拇指魚際肌

➡ P. 126

效能肌鍛鍊法，是比重量訓練更有效的訓練法

再次重申，「效能肌鍛鍊法」與傳統的核心訓練或重量訓練，完全不同。事實上，要靠核心訓練和重量訓練增加一部分的肌肉量，對身體而言本來就是「不可能的任務」：除非非常非常努力地訓練，否則是無法實現的，而且即便能增加一部分的肌肉，實際上也只不過是「外觀上的肌肉」，真正要運動時往往也是「毫無意義的肌肉」。

簡單說，一味地重視身體的中心部分（核心），無法提升運動能力；若想提升運動能力，必須把重點放在手腳等末梢。

自認為「我的核心沒什麼力量」的人似乎不少，事實上的確有很多人「末梢沒力」，而且末梢的關節或肌肉如果無法發揮功能，核心就無法發

揮功能。

舉例來說，核心再怎麼有力，要是腳踝周圍軟弱無力，就無法集中力量，當然也絕對跑不快、跳不高。

手腕也是，投球的時候如果手腕不夠有力，就必須扭轉肩膀或手肘來補強，產生多餘的動作；這是因為我們的身體會自動自發地補強「不夠有力的地方」，亦即所謂的「代償作用」。

當身體的某些肌肉開始偷懶，該條肌肉旁邊的關節在大幅轉動的過程中，很快就會來到「動作再大下去，關節就會脫臼」的臨界點；如此一來，為了不讓關節脫臼，勤勞肌就會牢牢地固定住關節。

一言以蔽之，身體會下意識地對動作做出限制。

與此相對，只要肌肉不要偷懶，亦即讓肌肉好好地工作，關節想盡情活動的時候，就不會發出「小心脫臼的訊號」，這樣，就能讓肌肉在放鬆的狀態下充分活動，靠自己的力量打破過去對於動作的限制。

持之以恆地鍛鍊，一定能看見成果

我以前也在其他書中寫過鍛鍊效能肌有助於促進健康的理論，不過，這是我第一次嘗試把內容鎖定在提升運動能力上；我很慶幸自己做了這個嘗試。

愈努力鍛鍊效能肌，愈能長出需要的肌肉和肌耐力，進而表現得更好；與年齡無關，也不分職業選手或業餘選手。只要能理解本書的內容，按照我介紹的實踐法進行，大家應該都能察覺自己身上出現驚人的變化。我有自信寫出了這樣的一本書。

接下來，只要持之以恆即可。或許也有人會煩惱「真的能辦到嗎？」、「感覺有點堅持不下去」。

為了盡可能幫上看到這裡的各位讀者，我的官方 LINE 對「效能肌鍛鍊法」有極為詳盡的說明。如果有任何問題，我也很樂意在允許的範圍內盡量回答大家。我還會不定期地準備了禮物要送給大家，所以歡迎大家透過以下的 QR Code 加入我的 LINE。

最後，真的非常感謝所有參加過教練養成講座的人、協助全國各地參加教練養成講座的運動選手，提供豐碩的成果與體驗者心聲給我的中山徹先生（青森縣．中山整骨院）、橫谷俊昭先生（東京都多摩市．橫谷保養～專為芭蕾舞者的針灸按摩）、岡井勳雄先生（和歌山縣橋本市．NAO整骨院）、福富崇晃先生（大阪府．福富針灸按摩院）、杉山健司先生（千葉縣．身體活性研究室SUGIYAMA）、宮崎香繪女士（福岡縣．針灸整骨光堂）。以上的各位大家都擁有非常專業的技術，希望能表現得更好的人請務必與他們商量看看。

最後，感謝給我機會出版這本書的KADOKAWA的河村伸治先生與各位相關人員、負責編輯的泊久代女士、協助我撰寫原稿的松尾佳昌女士，托各位的福，我才能寫出打從心底覺得自豪的作品，真的非常感謝你們。

由衷希望有更多的人，都能比以前更加享受運動樂趣、留下心滿意足的成績，過著充實的每一天。

笹川大瑛

肌筋膜疼痛修復全書

16 個常見痛症 X 4 大放鬆手法，解析全身筋膜網的異常，打開層層緊繃和沾黏的疼痛自救

作者　筋膜解痛專家／國家隊隊醫——涂俐雯 醫生

- 筋膜疼痛概念「全面更新」！最新肌筋膜自我修復提案，用全身筋膜網構造原理，精準找到疼痛源頭。最全面的肌筋膜疼痛診斷書，完整解析 16 個常見疼痛症狀，對症伸展放鬆 · 熱敷按壓，讓解痛效果一次到位！
- 最受運動國手信任的醫師，最新的肌筋膜解痛概念

涂俐雯醫師是國家隊隨隊隊醫、知名中西醫雙修復健專科醫師，結合運動和復健醫學的專業，是許多運動員和運動團隊指定治療醫師；數年前開始大力推廣「肌筋膜」概念，以身體結構的原理找到疼痛點，讓一般大眾能更了解自己身上發生疼痛的原因，進一步對症解決。

● 兩大疼痛修復手法，用對方式，解痛才有效！

淺層和深層筋膜的功能不同，異常的原因也不同，當然要用不同的修復手法——「伸展放鬆」和「加熱按壓」，層層打開緊繃和沾黏。

● 16 個肌筋膜疼痛部位和對症自療：伸展、放鬆和按壓，解痛自救全圖解

診間最常見的 16 個筋膜痛症對症自療，每個症狀分別有四種處理方式，除了伸展 · 徒手按壓和滾筒 · 按摩球放鬆之外，更使用兩項筋膜解痛道具：筋膜滑罐和彈性加壓帶。

瑜伽運動學解剖書【全彩超圖解】

精準剖析關鍵肌群，讓瑜伽姿勢不只正確，
更能打造不畏壓力的身心狀態

作者　專業瑜伽教練 x 物理治療師——中村尚人

- 日本瑜伽解剖學最高權威親授
- 第一本結合專業運動學 x 肌肉解剖圖的專業瑜伽教學書
- 【獨家超值收錄】37 支 step by step 基礎瑜伽動作＋拜日式序列示範影片

是否經常覺得瑜伽做起來很輕鬆，似乎都沒有運動到的感覺？
覺得柔軟度不好，不敢挑戰瑜伽？反正姿勢無法做到位，就無效？
錯，會有這種感覺，就是沒有「好好認識自己的身體」！

精準掌握關鍵肌群、正確使用關節角度，「站姿」、「坐姿」、「趴姿」、「後仰」、「反轉」37 個基礎瑜伽動作，一次練習到位，輕鬆突破瓶頸、平衡身心狀態！

瑜伽的風潮行之多年，舉凡提升肌力、緊實身材、消除不適、提升活力等，端正姿勢、專注內在的瑜伽，帶給身心的效果相當豐富。然而，想要完全領會到瑜伽所帶來的各種美好，必須先了解如何透過瑜伽「正確使用」以及「好好認識」自己的身體。因為，若是用錯方法不僅不容易看出成效，還是造成身體的負擔，導致身體疼痛等問題出現。

health
H
13

運動效能鍛鍊全書

喚醒 12 條「效能肌」，10 秒提升跑、跳、踢、投、打、游 6 大運動能力的循環式全身訓練

作　　者｜笹川大瑛
譯　　者｜賴惠鈴
封面設計｜比比司設計工作室
內文排版｜葉若蒂
責任編輯｜黃文慧

出　　版｜境好出版事業有限公司
總 編 輯｜黃文慧
副總編輯｜鍾宜君
行銷企畫｜胡雯琳
會計行政｜簡佩鈺
地　　址｜10491 台北市中山區復興北路 38 號 7F 之 2
粉 絲 團｜https://www.facebook.com/JinghaoBOOK
電子信箱｜JingHao@jinghaobook.com.tw
電　　話｜(02)2516-6892
傳　　真｜(02)2516-6891

發　　行｜采實文化事業股份有限公司
地　　址｜10457 台北市中山區南京東路二段 95 號 9 樓
電　　話｜(02)2511-9798 傳真：(02)2571-3298
采實官網｜www.acmebook.com.tw
法律顧問｜第一國際法律事務所余淑杏律師

定 價｜380 元
初版一刷｜2022 年 9 月
ISBN｜978-626-7087-56-5
EISBN｜9786267087602 (PDF)
EISBN｜9786267087596 (EPUB)

運動效能鍛鍊全書 : 喚醒 12 條效能肌 ,10 秒提升跑、跳、踢、投、打、游 ,6 大運動能力的循環式全身訓練 / 笹川大瑛著 ; 賴惠鈴譯 . -- 初版 . -- 臺北市 : 境好出版事業有限公司出版 : 采實文化事業股份有限公司發行 , 2022.09　面 ; 公分
譯自 : 運動能力が 10 秒で上がるサボリ筋トレーニング : 体幹やウエイトより効果絶大 !
ISBN 978-626-7087-56-5（平裝）
1.CST: 運動訓練 2.CST: 體能訓練 3.CST: 肌肉